はしがき

本書は、これまで折々に発表してきた信義誠実の原則に関する論文、判例研究などを中心に、大幅な見直しをしながらまとめたものである。思えば、大阪市立大学法学部の学生であったときに、故・寺田正春教授の民法（債権各論）の講義に触発され、運よくゼミでもご指導していただいたことがきっかけで、同大学院に進学し、信義誠実の原則をテーマとする壮大な研究活動をスタートすることとなった。二〇〇二年、このテーマで研究をしたいと故・寺田教授に告げると、「路頭に迷うかもしれないが、いいのだな。よし」と言われたことは、今でも鮮明に覚えている。

まさにその通りで、研究は苦難の連続であった。民法学の神様と呼ばれることもある（我妻栄記念館だより一二号二〇〇八年二頁）、あの我妻栄も「『信義則』理論の進むべき途は、なほ多難なると共に多幸なり」（我妻栄「民法に於ける『信義則』理念の進展」、鳩山秀夫『債権法における信義誠実の原則』所収四五三頁）」と述べていたほどである。この「多幸」とは、いったいどういう意味なのかと、論文を通じて偉大なる先人と対話を繰り返す日々であった。しかし、研究を進めていくうちに、日本の民法にとどまらず、他の法律や外国法の知識、解釈方法そして社会的事情など、信義誠実の原則を通じて自らの知見を大いに広げることができたこと、これがまさに研究者としての「多幸」だったのではないかと考えている。

現在、新型コロナウイルス感染症の拡大により、これまでの社会秩序が音を立てて大きく崩れていく様子を目の当たりにしている。そんな中で、ふと信義誠実の原則に関する参考文献を手に取ったときに、そこから一枚の写真がはらりと落ちた。手に取ってみると、二〇〇六年一〇月に、大阪市立大学で開催された私法学会の事務局のメンバーと恩師が写っていた。自分で写真を挟み込んだことを忘れていたとはいえ、二〇〇九年六月に亡くなった恩師が突如現れたかのような感覚になり、遅々として進まない本書の執筆の後押しをしてくれたのではないかと考えている。それ以上に、大阪市立大学の先生方をはじめ、様々な先生方のご指導とご助言を受けてここまで研究を進めることができたことにつき、ここであらためて御礼を申し上げたい。

また元帝塚山大学教授で現在は国際ファッション専門職大学に所属する菅万希子先生、帝塚山大学経済経営学部の寺地祐介先生には学問分野を超えて様々な視点やアドバイスを頂戴し、私の研究活動に多大な刺激を受けることができたこと、丸善プラネット株式会社の野辺真実氏には本書の企画段階から校正に至るまでご尽力くださったことについて、心より感謝申し上げたい。

最後に、亡父・通と闘病生活を送る母・裕美からは惜しみのない愛情と支援を賜り、また日々の家庭生活を支えてくれる妻・千恵、精神的な支えになってくれた子・早穂、穂美、昇悟には、感謝の言葉しかない。

松下（平井）慎一

令和二年（二〇二〇年）五月八日　神戸の寓居にて

目　次

はじめに

法律の一番初めに書かれた第一条は、一般的にその法律の方針について述べている。つまり、その法律が何のために作られたのか、あるいはその法律がどういった内容なのかを説明しているのである。

では、一般市民のための法律である民法はどうであろうか。一八九六年に制定された当時の民法一条は、次のようなものであった。

「私権ノ享有ハ出生ニ始マル」

漢字とカタカナで書かれた条文は読みづらいと思った方も多いだろうが（日本では公文書を漢字とカタカナで書くという伝統があったのでしかたがないのだが）、簡単に言うと、生まれた時から誰もが権利を持つということが書かれている。しかし、もっとわかりづらいのは、この条文を最初に置いたのはなぜなのかということである。この点について法学者たちは、ヨーロッパに奴隷制度があったり、江戸時代の日本でも士農工商という身分制度があったように、人が生まれただけで誰でも権利をもつことができ、その財産を自由に交換し合うことができる社会というのは、当時の人々にとっては驚くべきことであったので、そのようなインパクトを社会に与えるために第一条が必要であったと説明している。[1]

戦後、GHQによる日本の「家」制度を徹底的に破壊する意図で行われた一九四七年の民法改正と、二〇〇四年の民法の現代語化（カタカナ文の平仮名への改正が中心）を経て、現在の民法第一条は次のような文言となっている。

一項　私権は、公共の福祉に適合しなければならない。

1　例えば、大村敦志『「民法0・1・2・3条」〈私〉が生きるルール』（みすず書房、二〇〇七年）三〇頁以下を参照。

二項　権利の行使及び義務の履行は、信義に従い誠実に行わなければならない。

三項　権利の濫用は、これを許さない。

学説では、これらの条項で権利が絶対的なものではなく、制限され得ることを明言しているとされる。[1] つまり、現代では誰しもが権利を持つというのは当然のことなので、むしろ逆にその権利が無制約ではないということを民法一条で示しているのである。

さて、私が本書において取り上げるのは、この民法一条二項である。一般的に、この条文は信義誠実の原則（略して信義則とも呼ばれる）を定めたものと説明される。条文の文言自体は非常にシンプルで、信義誠実に従って権利行使と義務の履行をせよと、当然のことを言っている（しかし、当然すぎることがなかなか実行されないとも言われるが）[2]。ところが、あらゆる権利義務が信義誠実の原則の適格審査を受ける（スクリーニングされる）[3] ことから、後に民法を超えてあらゆる法律に対してその影響を与えることになる。

私のこれまでの研究では、法律の解釈学として裁判所が個々の場面で、どのような事実関係から信義誠実の原則に反すると判断したのか、またそのときの効果はどのようなものなのかを中心に分析してきた。しかし、個別的な事件という限られた条件や前提から導かれる結論だけでは、信義誠実の原則の全体像をうまく捉えることができないのではないかと考えるようになった。そこで今一度、法律全体において信義誠実の原則がなぜ必要とされてきたのか、またどの程度において法律を具体化・補充・修正しているのかについて、広い視野で捉え直すというのが本書の目的である。

なお、本書で取り上げた信義誠実の原則の適用事例は、判決文において明示的に信義誠実の原則について言及したものだけを扱っており、判決文に言及はされていないが学説上は信義誠実の原則の適用例として扱われる裁判例は研究対象から除外していることを予めお断りしておく。

1 谷口知平「権利濫用と信義誠実の原則」法学セミナー一号（一九五六年）一四頁。
2 米倉明『民法講義　総則（一）』（有斐閣、一九八四年）七頁。
3 河上正二「民法を支配する『信義則』」法学セミナー五九五号（二〇〇四年）九二頁。

第一部

なぜ信義誠実の原則が必要なのか？
（信義誠実の原則の歴史）

第一章　信義誠実の原則が日本法に到達するまでの経緯

第一節　信義誠実の原則の起源はローマ法にあった

ローマ法において厳格な法を緩和した信義誠実（bona fides）

ドイツの法学者イエーリング（Jhering）は、「ローマは、三度にわたって世界の諸民族を統合した。一度目は武力による国家の統一、二度目は教会による統一、三度目はローマ法による統一である」[1]と述べていた。現代でも、ローマ法はドイツ、フランスなどのヨーロッパ諸国やその影響を受けたラテンアメリカ・アジアの国々（もちろん日本も含まれる）の法律の基礎となっている。信義誠実の原則は、まさにこのローマ法に由来し、各国の法制度に浸透している。

さかのぼること紀元前四五〇年ごろ、特権階級の神官に独占されていた法の知識は、一二枚の銅板に刻まれ、市民に公開された。これは一二表法と呼ばれ、以後、裁判の手続に市民が関与し、市民の手で裁判が行われるよ

1　Jhering, Geist des römischen Rechts auf den verschiedenen Stufen seiner Entwicklung, Teil 1, 2. Aufl., 1866, S. 1.

うになる。一二表法の特徴は、ローマ市民のみに適用される市民法であったことや、裁判を行う上で厳格な形式を守らなければ提訴することができなかったことである。

やがてローマ帝国の支配領域が拡大し、外国との取引が活発になると、社会や経済情勢が大きく変化し、市民法だけでは個別のトラブルに対応できなくなっていった。そこで「信義誠実（ボナフィデスbona fides）」に基づいて市民法を修正した新しい法が形成され、裁判が行われるようになる。この点について後にドイツのシュナイダー（Schneider）は、ローマ人が「既に賢者の石を発見していた[1]」と表現している。

法務官法

法務官という官職は、紀元前三六七年に設置されたもので、任期は一年とされた。法務官は、個々の告示によってローマ市民や元老院に法的判断を提示していた。当初、後任の法務官は前任者の告示に拘束されるわけではなかったが、やがて前任者の有用な告示を援用して受け継いでいくようになる。紀元前二世紀ごろになると方式書訴訟が導入され、法務官は原告からの訴えがあると、判決を下す審判人を指名した上で、この審判人のために訴訟の計画書のようなもの（方式書）を作成して提供するようになる。その上で法務官は、方式書を作成するにあたって、法学者の助言を受けながら適用すべき法を選択して（つまり訴権があるかどうかを判断して）、裁判を開始するかどうかを決定する重要な役割を担っていたのである。

法務官は、裁判を開始するのに適当な法がなかったとしても、常識的に考えて裁判を開始すべきであると考えた場合には、「信義誠実に基づいて（ex bona fides）」判断する旨の文言を加えた方式書を作成することもあった。また、原告の権利主張が形式上は認められるものの、実質的に認めることが妥当ではない場合に、法務官は方式書の中に「原告の悪意によりなされたことがなく、またなされることがない」という文言を加えることもあった

（これは一般悪意の抗弁と呼ばれている）。

つまりローマ法では、法に根拠のない請求権を認めるために信義誠実の原則を必要とし、それによって厳格な訴訟形式から生じる不都合を回避し、紛争の妥当な解決を図っていたのである。また、このように法務官により法形成がなされたことから、法務官法あるいは職分として名誉が形成する法という意味で名誉法とも呼ばれたのである。

キケロが考えた信義誠実さとは

紀元前二世紀ごろにローマで活躍した弁論家キケロ（Cicero）の著書からも、当時の信義誠実の原則についての考え方をうかがい知ることができる。例えば、その著書『義務について』の中で次のような記述がある。

「食料不足に陥っていたロードス島では穀物の値段が高騰していた。真っ先にロードス島に到着した穀物商人は、アレクサンドリアからロードス島に向かって多くの穀物商人が出航していたことを知っていた。彼は穀物をできるだけ高く売るために、他の船がロードス島に向かっているという事実を黙っていてもよいか。

これについてアンティパテル（Antipater）は、人々の利益のために誠実にすべての事情を開示すべきであると説いた。これに対してディオゲネス（Diogenes）は、市民法によって確定された義務に反して相手を害しない限り、自己の利益の追求も許されるべきであるから、別の穀物商の存在を伝える必要はないと述べた。」

この問題についてキケロ自身は次のように述べて、ロードス島の人々に対して他の船が向かっていることを知らせるのがより適切であると説いた。

「ここで自分の知り得た情報を伝えない者は明らかに、正直で、率直、品性高く、正しく、良識ある人間ではな

1　Schneider, Treu und Glauben im Rechte der Schuldverhältnisse des Bürgerlichen Gesetzbuche, 1902, S. 30.

く、むしろ、ずる賢く、腹黒く、抜け目がなく、人を欺き、悪知恵の働く狡猾な人間である」[1]と。
つまり、信義誠実の原則は法で定められていない義務を認めるための根拠になると考えられていたのである。

第二節　法典編纂時代に再び信義誠実の原則が復活

フランス民法典（ナポレオン法典）に信義誠実（bonne foi）を明記

一七八九年に始まったフランス革命以後、フランスでは法の知識をすべての国民で共有するために、わかりやすい用語で紙に書かれた法律が必要との認識が広まっていた。当時のフランスは、ゲルマン法などの慣習法を残す北部地域とローマ法の影響を受けた南部地域に分かれていたため、第一統領であったナポレオン一世は、北部慣習法派（トロンシェ、ピゴ・ド・プレアムヌウ）と南部成文法派（ポルタリス、マルヴィル）に両地域を調和させた民法典の作成を命じる。その結果、一八〇四年に「フランス人の民法典」（一八〇七年には「ナポレオン法典」と改称された時期もあった）が完成した。

このローマ法の影響を受けた民法典には、ローマ法上のbona fides（信義誠実）がbonne foiという形で明記されることになる。では、立法者はどのような意図でそのような規定を置いたのか。その制定過程の議論を見てみると、まずフランス民法典の草案段階では「合意は信義誠実（ボンヌフォアbonne foi）に締結され、かつ、履行されなければならない」という規定を置くことが提案された。しかし、ポルタリス（Portalis）が「締結され」という文言は不要であると述べたことから、その部分が削除され、その結果、フランス民法（旧）[2]一一三四条三項に「合意は信義誠実に履行されなければならない」という規定が置かれることになった。[3]この規定が置かれた趣旨についてフランスの学説では、契約においてローマ法のような厳格な法が存在しないことを明言することにあったと説明されている。[4] つまり、フランス民法典の立法者は信義誠実の意味を、ローマ法上の厳格な法を否定するものとしか理解していなかったのである。

続いてドイツ民法典も信義誠実（Treu und Glauben）を明記

ナポレオン一世が神聖ローマ帝国に侵攻し、一八〇六年に神聖ローマ帝国が解体される。すると、それまで神聖ローマ帝国の領土だった地域では、フランス民法典をそのまま採用するところが多くなっていく。しかし、一八七一年にドイツ帝国が誕生すると、一八七四年から独自に民法典編纂作業が開始され、一九〇〇年なってようやくドイツ民法典が施行された。

ドイツ民法典の編纂過程では、ローマ法のbona fidesだけでなくフランス民法のbonne foiが参照され、ドイツ民法一五七条には、「契約は、取引の慣習を顧慮し、信義誠実（トロイ・ウント・グラウベンTreu und Glauben）の要請に従って解釈しなければならない」と、さらにドイツ民法二四二条には「債務者は、取引の慣習を顧慮し信義誠実に適うように、給付を行う義務を負う」という規定が置かれた。ドイツでは、信義誠実の原則に従って契約を解釈してその内容を定め、加えて債務の履行方法をも決めるとしている。ドイツ民法典の立法者は、契約自由の原則に基づいて、当事者間で自由に意思表示をして合意がなされたとしても、実際上そこには

1　Cicero, De officiis, 3, 50 ff.
2　フランスでは、二〇一六年に民法改正がなされ、現行フランス民法一一三四条にはbonne foiの文言は存在しない。
3　Fenet, Recueil complet des travaux préparatoires du code civil, t. XIII 1827, p. 8, 54.
4　Terré / Simler / Lequette, Droit civil, Les obligations, 8e éd. 2002, n° 439.

不十分な点があったり、不正確な部分があったりすることが多いため、その内容や履行方法を信義誠実の原則に従って定めるとしたのである。[1]

このように、フランスやドイツの立法者は、信義誠実の原則にそれほど重要な役割を与えていたというわけではなかった。しかし、信義誠実の原則がその後に大きく展開されたことについて、シェルマイヤー（Schermaier）[2]は「実質的には信義誠実（bona fides）の原則のおかげで、法典は社会的な価値観の変化に適合できたのだ」と述べている。

イギリス法は信義誠実（good faith）の原則を否定するがアメリカ法では採用

では、後に超大国となるイギリスやアメリカにおいても、ローマ法上の信義誠実の原則の影響はみられるのであろうか。

そもそも世界の法体系は、大きく二つの系統に分かれている。その一つは、「市民法（ius civile）」から発展したローマ法を「継受」した「シビル・ロー（civil law）」に属する国々である（ドイツ、フランスのみならず、日本もここに含まれる）。もう一つは、ローマ法を継受していない「コモン・ロー（common law）」に属する国々である（イギリス、アメリカなど）。コモン・ローとは、一〇六六年に北フランスのノルマンディー公ウィリアム一世がイングランドを征服したころに、イングランド国王裁判所が伝統や慣習、過去の判例から判決を下すようになり、これが積み重なってできた法のことを指している。

イギリスでは古くから信義誠実（good faith）という言葉自体は知られていたが、一般的な法原則としては認められていなかった。[3]

一方、同じくコモン・ローを採用したアメリカでは、一九五一年に統一商事法典が公表され、その一―二〇三条に「本法のおよびすべての契約または義務は、その履行または強制において信義誠実義務を課す[4]」と信義誠実の原則が規定され、この法典は多くの州によって採択されている。このようにローマ法に由来する信義誠実の原則は、法系の異なるコモン・ローの領域にも、その影響が見られるのである。[5]

第三節　日本民法典の起草者は信義誠実の原則をどのようにとらえていたか？

ボワソナードが提示した信義誠実の原則の具体例

明治維新後、不平等条約の改正を目指していた明治政府は、近代国家であることをアピールするために欧米の法律にならった国内法の整備を急いでいた。そこで初代司法卿を務めた江藤新平は、フランス留学の経験のあった箕作麟祥に対して「誤訳も妨げず、唯速訳せよ」と、フランス民法典の翻訳を命じた。現代に通じる司法権の構築に功績を残した江藤新平であったが、明治六年の政変で下野し、さらに佐賀の乱の首謀者として逮捕され、斬首されてしまう。江藤新平の死後、同じ佐賀県出身の大木喬任が司法卿となるが、一八七〇年（明治三年）か

1　拙稿「信義誠実の原則における信頼保護（一）―ドイツにおける矛盾挙動禁止の原則の検討を中心として―」法学雑誌五五巻三・四号（二〇〇九年）九八〇頁。
2　Schermaier, Bona fides in Roman contract law, in : Good Faith in European Contract Law, 2000, p. 92.
3　Whittaker / Zimmermann, Good faith in European contract law: surveying the legal landscape, in : Good Faith in European Contract Law, 2000, p. 15.
4　二〇〇一年改正により現在では一―三〇四条に信義誠実義務が規定されている。
5　オッコー・ベーレンツ／河上正二『歴史の中の民法―ローマ法との対話』（日本評論社、二〇〇一年）三一頁。

ら開始した民法典の編纂作業は、遅々として進まなかった。そこで、一八七九年（明治一二年）にフランスの法学者ボワソナード（Boissonade）を日本に招いて、民法典編纂作業を行わせることになった。サッカー日本代表の監督にフランス人のトルシエ監督を招聘し日本のサッカーを強化したのと同じような構図が、既に民法典の編纂作業でも見られたのである。

ボワソナードは民法草案三五〇条二項に「合意は信義誠実（bonne foi）に履行しなければならない」とフランス民法旧一一三四条三項と同じ規定を置くことを提案した。ボワソナードは、この規定でローマ法上の厳正契約と誠意契約といった区別がないことを示し、加えて信義誠実の原則が、合意された条項や約定のみならずその履行をも支配する原則であることを明らかにしようとした。ボワソナードは具体例として、「建物の賃貸人が建物を修繕して良好な賃貸物を引き渡さなければならない場合、建物を強固に修繕するだけでなく、建物の装飾や清潔さを保つような修繕も行わなければならない」[1]ということをあげている。このようにボワソナードは、合意で明示的に定められていない履行方法の詳細について、信義誠実の原則を基準として定めると考えていたのである。

その後、ボワソナードが中心となって編纂した民法（いわゆる旧民法）は、一八九〇年（明治二三年）に公布され、あとは一八九三年（明治二六年）の施行を待つだけであった。ところが、この旧民法に対しては一部の法学者や帝国議会議員から強力な反対論（施行延期論）が出され、結果として施行延期が議会で可決されてしまったのである（いわゆる民法典論争と呼ばれる）。

ちなみに、旧民法における信義誠実の原則の規定は次のようなものであった。

「旧民法財産編三三〇条　合意ハ善意ヲ以テ之ヲ履行スルコトヲ要ス[2]」

当時の日本には、まだ信義誠実の原則という概念が定着していなかったため、bonne foiという用語は「善意」と訳されていたのである。

民法典編纂過程で信義誠実の原則が削除される

明治政府は、あらためて日本人三名を民法起草委員として旧民法の修正作業に取り組ませた。その中心人物が、フランスとドイツに留学経験のあった梅謙次郎、フランスに留学していたがドイツ法を重視した富井政章、イギリスとドイツに留学していた穂積陳重（ちなみに、弟で公法学者の穂積八束はボワソナード民法に対して「民法出でて忠孝亡ぶ」と述べたことで有名）であった。この三人は、フランス法ではなくドイツ民法第一草案（正確にはドイツ民法第一草案）を模範として、民法典の編纂作業を行った。

その起草段階において、旧民法財産編三三〇条が議題に上がると、富井政章は「この条文は当然のことを書いているにすぎず、むしろ漠然とした規定は不要である」と述べて、民法典から削除してしまう。[3] こうして、一八九八年（明治三一年）に施行された日本の民法典には、信義誠実の原則に関する規定が存在していなかったのである。

ところが富井政章は一九二九年に出版した教科書の中で、「学者は債権法を支配する一大法則として信義誠実の原則を認め、特に各国の法律が個人的自由主義より社会的傾向を実現するために、信義誠実の原則を広く適用している」[4] と述べているのである。民法典施行後の三〇年間で、あいまいで法典には無用とされた信義誠実の原則が、いかにして債権法を支配する大原則となったのであろうか。

1　Boissonade, Projet de code civil pour l'Empire du Japon accompagné d'un commentaire, nouvelle éd., t.2 1891, pp. 156-157.
2　我妻栄代表編集『旧法令集』（有斐閣、一九六八年）一三二頁。
3　法務大臣官房司法法制調査部監修『法典調査会 民法議事速記録 三』（日本近代立法資料叢書三、商事法務研究会、一九八四年）七五九頁。
4　富井政章『民法原論第三巻（債権総論上）』（有斐閣、一九二九年）六頁。

第二章　日本の民法典に信義誠実の原則が規定されるまでの経緯

第一節　信義誠実の原則に関する最初の学説と判例

日本の学説はドイツ法を研究して信義誠実の原則の必要性を強調した

明治初期において、それまで徳川幕府の下で慣れ親しんだ法秩序が、突如として外国法の真似をした法律に変わると言われた庶民はさぞかし混乱したであろう。法学者も同じで、新たな法典で解釈上の問題が生じたとしても国内に学問的な蓄積がないので、法典編纂で参考とした外国法を研究することで解釈方法を提言せざるを得なかったのである。

そのような状況下で、民法学のナンバーワンの巨匠ともいわれた石坂音四郎は[1]、一九一二年に信義誠実の原則を規定したドイツ民法二四二条を参考に、どのように債務を履行したらよいのかがはっきりしない場合には、信義誠実の原則に従って定めるべきであると提言する。[2] 続いて一九一六年に、穂積陳重の弟子で「民法といえば鳩山、鳩山といえば民法」[3]とも言われた鳩山秀夫（ちなみに秀夫の兄は鳩山一郎元総理大臣である）は、ドイツ民法二四二条と同様に債務者が信義誠実の原則に従って債務を履行する必要があると主張した。鳩山はその具体例として、午前一時に履行の提供をすることは信義誠実の原則に従った履行の提供ではないという。[4]

このように日本の学説は、ドイツ民法の規定を参照しながら、信義誠実の原則の必要性を強調していたのである。

日本の裁判所が「信義誠実の原則が債権法を支配する」と宣言

学説が、どのように債務を履行すべきかについて法律や契約に定めがない場合には、信義誠実の原則に従って定めるとしていたことから、大審院（日本国憲法によって最高裁判所が設けられる以前の最上級裁判所にあたる）も、一九二〇年（大正九年）九月二四日の判決[5]（価格の高騰を理由に債務の履行を拒絶できるかどうかが問題となった事件）で、「信義を重んじて」契約を履行する義務があると言及していた。

ところがその約三カ月後の一九二〇年（大正九年）一二月一八日判決[6]では、突如として信義誠実の原則が債権法を支配すると宣言し、民法の条文に反した形で、土地の買戻代金に僅かな不足（一円八銭の不足だが、当時の東京の公立小学校教員の初任給が約四〇円[7]だったことから考えるとそこまで僅かではないのだが）があったとしても買戻しの効力が生じるとしたのである。

1　石田喜久夫「石坂音四郎—日本民法学の山脈における最高峯—」法学教室一八一号（一九九五年）九八頁。
2　石坂音四郎『日本民法　第三編債権第二巻』（有斐閣書房、一九一二年）三七四頁以下。
3　内田貴『民法改正—契約のルールが一〇〇年ぶりに変わる』（筑摩書房、二〇一一年）九五頁。
4　鳩山秀夫『日本債権法総論』（岩波書店、一九一六年）九三頁以下。
5　民録二六輯一三四三頁。
6　民録二六輯一九四七頁。
7　森永卓郎（監）『明治・大正・昭和・平成　物価の文化史辞典』（展望社、二〇〇八年）三九八頁。

この判決について、信義誠実の原則の活用に積極的だった牧野英一は、代金のわずかな不足があるだけでなく、債権者側にも信義誠実の原則に反する態度があったことを明らかにしつつ[1]、裁判所はいつの間にか信義誠実の原則をさも当然の原則として民法制定の当初から承認されていたものであるかのような口ぶりで判決を下していると[2]評価しているのである。

このように大審院は、法律や契約に定められていない履行方法を信義誠実の原則に従って定めるという学説の提案から一歩踏み込んで、民法五八三条では代金と契約費用を提供しなければ買戻しができないとはっきり書かれていることを無視した形で買戻しを認めたのである。民法典に信義誠実の原則が規定されていない当時において、なぜ大審院はここまで思い切った判断をしたのであろうか。実は、ここにはドイツ法（特にドイツの大審院判決）の影響があったのではないかと推測される[3]。

第二節　ドイツの経済危機・社会的混乱と信義誠実の原則

ドイツの大審院裁判所が積極的に信義誠実の原則を活用

一九世紀後半から二〇世紀のはじめにかけて、ドイツではいわゆる概念法学的法律実証主義という思想が法律学を支配していた。この思想を分かりやすく言うと、制定法は完全なものであり（法律の無欠缺性）、そこからあらゆる紛争に対して法的な結論が導かれるので、裁判官には自由な思考は認められず、機械的な判断が求められるにすぎないと考えるものである。

これに対してエールリッヒ（Ehrlich）が一九〇三年に「自由な法発見と自由法学[4]」と題した講演を行い、「法律の無欠缺性」を否定した以降、ドイツでは自由法論が台頭してくる。このような流れの中で、ドイツの大審院は、一九〇〇年の民法施行から間もなくして、信義誠実の原則（ドイツ民法二四二条）を積極的に適用していく。例えば一九〇二年一一月二二日の判決[5]では、土地の売買で引き渡された土地の面積に僅かな不足があった場合に、信義誠実の原則により買主はその受領を拒絶できないとした。また一九〇九年一〇月八日の判決[6]では、ローマ法上の一般悪意の抗弁が信義誠実の原則（もしくは善良な風俗に反する法律行為を無効とする規定）を介して認められると述べるなど、文言上は債務の履行の側面について規定したドイツ民法二四二条を債権の行使についても適用していくのである。この点を分析したドイツのルーイク（Luig）によると、ドイツ民法典施行後の一〇年間において、ドイツの大審院裁判所はしばしば信義誠実の原則に基づいて民法典の条文に明記されていないさまざまな原理を発展させたと述べている。[7]

また当時のドイツ学説を見てみると、例えばダンツ（Danz）は一八九七年に信義誠実の原則に反する権利行

1　牧野英一「具体的妥当性」法学志林四二巻一〇号（一九二二年）三四頁。
2　牧野英一「信義則の新らしき展開」自治研究一五巻一号（一九三九年）六頁。
3　しばしば日本の大審院裁判所の判決には、ドイツの大審院裁判所の影響がみられると指摘される。例えば、倉田卓次「催告書の到達を認めた事例」最高裁判所判例解説民事篇昭和三六年度（一九六二年）一二七頁を参照。
4　Ehrlich, Freie Rechtsfindung und freie Rechtswisenschaft, 1903. 石川真人訳「エールリッヒ『自由な法発見と自由法学』」北大法学論集三九巻一号（一九八八年）一五四頁。
5　RGZ 53, 70.
6　RGZ 71, 432.
7　Luig, Treu und Glauben in der Rechtsprechung des Reichsgerichts in den Jahren 1900 bis 1909, in: Festschrift für H. Wiedemann zum 70. Geburstag, 2002, S. 103.

使は一般悪意の抗弁により排除されると主張していた[1]。同じ年にシュタムラー（Stammler）は信義誠実の原則が社会的な理想の意味で正しいことを示す規範であると主張した[2]。一九〇〇年にはシュタインバッハ（Steinbach）が信義誠実の原則に基づいて全体の利益による個人の利己主義の制限があると主張した[3]。さらに一九〇二年にはシュナイダー（Schneider）が、信義誠実の原則は当事者間の衡平を実現するものだと主張していた[4]。

このような信義誠実の原則を広く適用すべきとの見解に対して、例えば一九一〇年にヘンレ（Henle）は、信義誠実の原則が法律に基づいた我々の生活をむしばんでいく危険な伝染病だ、また一般悪意の抗弁は桶の中の穴で、そこから法律の大部分が水滴として流れ出ていく[5]と警鐘を鳴らしていた。

第一次世界大戦後の極度のインフレと信義誠実の原則

第一次世界大戦に敗北したドイツ国内では、極度のインフレに見舞われる。大戦前は、一金マルクと一紙幣マルクは同じ価値を持っていた。ところがリュータース（Rüthers）によると、一九二二年七月にはドルベースで一金マルクが一一七紙幣マルクに、十月には七五七紙幣マルクに、一二月には一八〇七紙幣マルクに、一九二三年七月には八四一八六紙幣マルクといったように[6]、実に一九一八年から一九二三年までの約五年間で物価が約一兆倍に膨れ上がったのである。「一片のパンのために一〇億、あるいは一兆の紙幣を出さなければならない[7]」、「昨日までハム・サンドイッチがたった一万四〇〇〇マルクだった同じ喫茶店で、今日はそのサンドイッチが二万四〇〇〇マルクとなった[8]」と言われるとそのイメージが湧くであろう。

このような状況は債権者にとっては、たまったものではなかった。というのも、契約通りの借金の額の返済で済むとなれば、債務者は非常に有利だったからである。しかし、当時のドイツの立法者は、これに対応する立法を試みることはなかった。すると、大審院がまたも動き出した。既に、一九一四年五月二六日判決[9]で信義誠実の原則がすべての規定を支配し、個々の条文の明確化や拡大、補充、制限を行うと宣言し、一九二一年六月二日判決[10]では民法を超えて民事訴訟法においても信義誠実の原則が適用されるとして、その適用領域を拡大していた。そしてついに一九二三年一一月二八日の判決[11]で、大審院は信義誠実の原則を根拠として債務額の増額（いわゆる増額評価）を認め、その後も、行政法の領域でも信義誠実の原則（増額評価請求）の適用を認めたのである。[12]

　これらの判決に対する学説の反応として、例えばエルシュター（Elster）は、契約の解釈と契約上の給付の履行以外の場面で無条件に信義誠実の原則が適用されてはならない[13]と主張し、ハンブルガー（Hamburger）は、信義誠実の原則の適用に関して包括的な整理が必要である[14]と主張していた。

1 Danz, Die Auslegung der Rechtsgeschäfte, 1897, S. 145.
2 Stammler, Das Recht der Schuldverhältnisse in seinen allgemeinen Lehren, 1897, S. 43.
3 Steinbach, Treu und Glauben im Verkehr, 1900, S. 54.
4 Schneider, Treu und Glauben im Rechte der Schuldverhältnisse des Bürgerlichen Gesetzbuches, 1902, S. 14.
5 Henle, Treu und Glauben im Rechtsverkehr, 1912, S. 3, 10.
6 Rüthers, Die unbegrenzte Auslegung, 6. Aufl., 2005, S. 65.
7 ローゼンベルク著　吉田輝夫訳『ヴァイマル共和国史』（東邦出版社、一九七二年）一五六頁。
8 ガルブレイス著　都留重人監訳『マネー　その歴史と展開』（TBSブリタニカ、一九八〇年）二二一頁。
9 RGZ 85, 108.
10 RGZ 102, 217.
11 RGZ 107, 78.
12 RGZ 113, 19.
13 Elster, Treu und Glauben, in: Handwörterbuch der Rechtswissenschaft, Hrsg. F. Stier = Somlo und A. Elster, Bd. 6, 1929, S. 55.
14 Hamburger, Treu und Glauben im Verkehr, 1930, S. 19 f.

ナチス時代における信義誠実の原則

一九三三年に、ナチス党を率いるヒトラーが首相となる。ヒトラーは大量の失業者であふれていたドイツ経済を立て直すために、高速道路（アウトバーン）の建設やフォルクスワーゲン構想を推進して自動車生産の基盤を整えることで景気を回復させた。一方で、全体主義的な特徴を有するナチス的世界観では、法に対する政治の優位が強調され、伝統的な法の適用が否定される時代に突入することになる。

ナチス的世界観における信義誠実の原則の危険性に気づいたヘーデマン（Hedemann）は、次のように述べていた。

「私が一九一三年に『民法における生成と発展』と題した講演を行い、若気の情熱にかられて信義誠実の原則が『王たる条文だ』と称賛すると、ナウムブルクから参加していた二人の裁判官が私に向かって真剣な口調で、『そのような信義誠実の原則に従属する法学はかなり危険なものである』と反論した。一旦このような道を進むと、急速に滑り出し、もはや止めることができないであろう、というのである[1]」。

さらにヘーデマンは、安易に信義誠実の原則を適用すると法的思考が軟化し、法的判断が不安定なものとなり、また統治者の恣意的な判断を可能にする[2]、という三つの警告を発していたのである。

このヘーデマンの予想は現実のものとなる。法学者のカール・ヘルマン・シュミット（Karl Hermann Schmitt）が、すべての実定法が民族共同体の法的確信に合致する限りでのみ効力を有するという見解を示すと[3]、一九三五年四月三〇日の大審院判決では、会社の取締役が契約によって定められた退職年金及び遺族年金の減額が認められた際に、「これまで高い報酬を得ていた人には、信義誠実の原則に従いより大きな犠牲を伴うべきである。それが民族同胞にとって大きな利益となり、またドイツ経済の再建に寄与する場合にはなおさらである[4]」とされた。また一九四〇年一月九日の大審院判決では、ユダヤ人職員が企業に請求した退職年金についてその全額の受取を認めなかった理由として、ナチス的な世界観に基づく民族意識によって判断されるもので、信義誠実の原則と健全な民族感情に合致しているかどうかが問われるとされたのである。[5]

以上のように、ドイツでは経済的な事情と政治的価値観の大変革によって、信義誠実の原則の内容も大きく変化していったのである。このドイツ法における議論は、次に見るように日本の学説、判例に大きな影響を与えていくことになる。

第三節　日本における信義誠実の原則の拡大現象（王たる条文へ）

判例と学説による信義誠実の原則の適用領域の拡大

日本では、一九二〇年に大審院が民法の規定に反する形で信義誠実の原則を適用した以後、学説では外国法の事情をもとに信義誠実の原則の必要性が強調されるようになる。まさにこのころから、信義誠実の原則の適用領域が拡大していく現象がみられるのである。

例えば、権利行使と信義誠実の原則に関して、自由法論の立場をとる牧野英一は、一九二二年にスイス民法二

1　Hedemann, Die Flucht in die Generalklauseln, 1993, S. 10.
2　Hedemann, a.a.O., S. 66.
3　K. H. Schmitt, Treu und Glauben im Verwaltungsrecht, 1935, S.112.
4　RGZ 148, 81.
5　Arbeitsrechts – Sammlung 38, 262, 273 f.

条一項「何人も権利の行使と義務の履行は信義誠実に従ってこれをなさなければならない」を引用しながら、権利が正当な理由に基づいて行使される場合でも、各人の利害関係を公平に衡量して判断する必要があり、ここでは信義誠実の原則を確立して適用すべきと主張した。[1] 一九二四年に鳩山秀夫は、信義誠実の原則が債権法全体を支配し、とりわけ契約関係のみならず、契約締結前の準備段階、契約終了後においても信義誠実の原則に支配されると主張した。[2] 一九二六年になると、岩田新や勝本正晃がドイツにおける増額評価判決を参照しながら、日本でも信義誠実の原則に基づいた事情変更の原則（社会的事情の変化があればそれに応じて契約内容を変更すべきとする原則）を認める余地があることを主張した。[3]

また大審院について見てみると、一九二四年から一九二五年にかけて催告解除における期間の相当性を信義誠実の原則に基づいて判断したもの、[4] 株式譲渡における名義書換について信義誠実の原則に基づいて協力義務を認めたもの、[5] 大豆粕の売買契約で買主がその引渡しの場所がわからない場合には信義誠実の原則に従って問い合わせをする義務があるとしたもの（深川渡し事件とも呼ばれる）、[6] さらには民法の領域にとどまらず、刑法の領域においても、不作為による詐欺罪の成立を認める際に信義誠実の原則を根拠として判決が下されたのである。[7]

すると牧野英一は一九三三年に信義誠実の原則が刑法にも適用されると主張し、[8] 一九三五年には、野津務が保険契約の信義誠実の原則に従った解釈や告知義務、損害軽減義務などについて論じた。[9] 行政法の分野では田中二郎[10]や原龍之助[11]が、ドイツのカール・ヘルマン・シュミット『行政法における信義誠実』の著書の影響を受けて、日本の行政法においても信義誠実の原則が適用されると主張した。これに対して高橋貞三[12]は、行政法において信義誠実の原則が適用されることについて危険性を指摘するのだが、すぐさま、牧野英一は、悪法もまた法であるということを避けるためにも、不当な法規を信義誠実の原則に従って合理的に解釈すべきと反論したのである。[13]

このように、信義誠実の原則は債権法を支配するだけにとどまらず、あらゆる法律を支配する原則へと発展していくことになるのである。

全体主義と信義誠実の原則

一九二七年の金融恐慌につづく一九二九年の世界恐慌の影響を受け、日本社会は激動の時代を迎える。一九二五年に制定された治安維持法が一九四一年に改正されたり、一九三八年に国家総動員法が制定されたりするなど、人的・物的資源の運用が統制されるのみならず、一九三三年の滝川事件や一九三五年の天皇機関説事件に代表されるような、自由主義的な思想が右翼団体からの攻撃を受け、学問の自由が失われていく時代でもあった。その

1　牧野英一「具体的妥当性」法学志林二四巻一〇号（一九二二年）二二頁以下。
2　鳩山秀夫『債権法における信義誠実の原則』（有斐閣、一九五五年）二五三頁以下、初出は法学協会雑誌四二巻一・二・五・七・八号（一九二四年）。
3　岩田新『経済事情の変動と債権の効力：事情変更の抗弁』（同文館、一九二六年）三八二頁、勝本正晃『民法に於ける事情変更の原則』（有斐閣書房、一九二六年）八一三頁。
4　大判大正一三年七月一五日、民集三巻三六二頁。
5　大判大正一四年七月三日、民集四巻八号三九五頁。
6　大判大正一四年一二月三日、民集四巻六八五頁。
7　大判大正一三年三月一八日・刑集三巻二三〇頁。
8　牧野英一「刑法における信義誠実の原則」『法学協会五〇周年記念論文集』（一九三三年）二八一頁以下。
9　野津務『保険法に於ける「信義誠実の原則」』（一九三五年、有斐閣）一二一頁以下。
10　田中二郎「シュミット『行政法に於ける信義誠実』」国家学会雑誌五〇巻四号（一九三七年）一二七頁。
11　原龍之助「行政法における信義誠実の原則序説」佐々木博士還暦記念『憲法及行政法の諸問題』（有斐閣、一九三八年）三七五頁以下。
12　高橋貞三「行政法における信義誠実の問題」佐々木博士還暦記念『憲法及行政法の諸問題』（有斐閣、一九三八年）三四五頁以下。
13　牧野英一「信義則の新しき展開」自治研究一五巻一号（一九三九年）二一頁。

ような状況下で信義誠実の原則はどのように解釈されていたのであろうか。

まず一九三二年に常盤敏太は、権利義務のすべてに対して信義誠実の原則が適用されることから、家族法や公法上の権利義務にも適用されるとし、またイェーリングのいわゆる社会全体の目的、人類の文化目的である統一的目的観念によって、われわれの行為は制限されなければならないということから、信義誠実の原則は理論上、ドイツ民法所定のごとく契約上の債権関係に限られるべきものではなくて、一般的に私法を超えて全法域に及ぶべき原則とならなければならないと述べる[1]。続いて一九三四年に野津務は、「信義誠実の原則の社会的意義は、個別範囲の利益が終局の目的なのではなく、個別範囲の所属する社会的範囲の目的が許容する限りにおいてのみ、保護されるべきことを要求するものであり、それらは全体主義（Universalismus, Ganzheitslehre）の法理観に合致する」と述べる[2]。

一九三六年に牧野英一もフランスのゴルフ（Gorphe）の学説[3]に依拠しながら、信義誠実の原則に従った債務の履行や法律行為の解釈を主張し、さらに自由競争は常に信義誠実の原則によって統制されなければならないと主張した[4]。

一九三九年には奥野健一が「契約関係を一つの協同体とみるときは契約の指導原理は個人主義的利己主義に基づく対立平等、利益の衝突摩擦、相剋ではなく『協調』であり『調和』であり、『相互信頼』の思想であらねばならぬ[5]」と信義誠実の原則の見直しについて述べていた。

このような信義誠実の原則によって社会や団体を尊重する傾向に対してすでに一九三二年に我妻栄は、裁判官によるその場その場の解決に堕落させ、法の規律による社会生活の安定を害するとして、「『信義則』をもって民法解釈の指導理論となさんが為には、その内容に客観性を与へ、これに基く判断に対して一定の規律を与へることが最も重要な使命となる[6]」と述べていた。一九三四年に、穂積重遠も債務者が借りたお金を返すときに債権者の顔面に札束を叩きつけたために、怒った債権者が受領を拒絶したとしても弁済の効果は生じない、と信義誠実の原則の適用事例を限定的に説明していた。[7]また一九三八年には佐藤荘一郎[8]がヘーデマンの著書『一般条項への逃避』を翻訳することで、信義誠実の原則の危険性を指摘していたのである。

しかし一九四〇年になると、石田文次郎が「団体主義的思想を基調とすることによって、初めて債権関係は信頼関係を基礎とすることとなる。従って信義誠実の原則が、債権法の最高原則として債権関係を規律し、統制することは当然の事理と言わねばならぬ[9]」と述べ、団体主義的な思想に基づいて信義誠実の原則による統制が可能との見解が正面から提示されていたのである。

ところが逆に、戦時体制において信義誠実の原則が、反国体的・反軍的思想とみなされることもあった。例えば、同志社大学上申書事件[10]の当事者となった林信雄は「わけても軍によって、それ（信義誠実の原則―括弧内筆

1　常盤敏太「信義誠実の原則」東京商科大学研究年報法学研究第一号（一九三二年）一六七、一八五頁。
2　野津務「『信義誠実の原則』の発展的意義（二・完）」法学協会雑誌五二巻一二号（一九三四年）五六頁。
3　Gorphe. Le principe de la bonne foi, 1928, p. 17.
4　牧野英一『民法の基本問題第四編―信義則に関する若干の考察―』（有斐閣、一九三六年）一三四頁。
5　奥野健一「債権法に於ける指導原理としての信義誠実の原則」法学志林四一巻六号（一九三九年）三頁。
6　我妻栄「民法に於ける『信義則』理念の進展」『東京帝国大学学術大観』（一九三二年）鳩山秀夫『債権法における信義誠実の原則』（有斐閣、一九五五年）所収四五二頁。
7　穂積重遠「法律と道徳の交渉」丁酉倫理會倫理講演集三八六輯（一九三四年）三四頁。
8　司法省調査部訳編「一般条項への逃避及び独逸大審院と利益法学」司法資料二四六号（一九三八年）。
9　石田文次郎『契約の基礎理論』（有斐閣、一九四〇年）八五頁。
10　一九三七年三月一六日に、法学部の教員だった瀬川次郎、村井藤十郎、土井十二、佐藤義雄の連名で、総長の湯浅八郎宛に文書が提出された事件。その内容には、新しい教育綱領の方針に従い、法学部の田畑忍、具島兼三郎、林信雄の思想傾向が教育綱領と反するため免職にすることなどが書かれていた。林信雄『同志社紛争史の一齣―いはゆる同志社事件の全貌―』（宮崎書店、一九三八年）五〇頁。

者）が戦争に対して非協力的な思想であり、その研究と講義とは反軍的・反戦的であると烙印されたのである。知らず、時の『軍人に賜りたる勅諭』の中にも『一つ、軍人は信義を重んずべし』とあるにもかかわらず、にである。かくて、わたくしは、母校におけるる自由主義最後のたたかいに破れて、石をもて追わるるごとく、数名の同僚とともに、母校を去ったのである」[1]と同志社大学を退職した理由を明らかにしている。その後の一九三九年に林信雄は「信義則がドイツの現在において、ナチスの政治に奉仕し、ナチスの立場において法律制度の機能の合理化のために役立っているということはまさし批判されねばならぬけれども、そのことのために信義則が原理として具有する価値乃至は地位を徒に低く評価する考え方には賛同しかねるのである」[2]と主張するに至っている。

戦後になって、野田孝明は「わが国のように全体主義的思想から『公益は私益に優先する』というモットーが叫ばれ、とにかく私権軽視の風潮が強かった」[3]と振り返り、また渡辺博之によると、特殊な政治的要請に信義誠実の原則が利用されたという事実が戦後の信義誠実の原則の理論的研究をタブー視する素地を形成した[4]と述べているのである。

第四節　一九四七年の民法改正と信義誠実の原則

民法一条二項に信義誠実の原則を明文化

戦後はＧＨＱの指導の下での憲法の改正と並行して、民法の改正、とりわけ日本の家制度を廃止するために家族法が大改正されることになる。個人の尊厳と両性の本質的平等を掲げた改正に注目が集まっていた中で、片山内閣は一九四七年（昭和二二年）七月に、ドイツ民法二四二条やスイス民法二条を参考とした民法一条を追加する趣旨の「民法の一部を改正する法律案」を国会に提出し、同年一二月九日に可決された。次のように、二項に信義誠実の原則が追加されている。

民法一条一項　私権ハ公共ノ福祉ニ遵フ

二項　権利ノ行使及ヒ義務ノ履行ハ信義ニ従ヒ誠実ニ之ヲ為スコトヲ要ス

三項　権利ノ濫用ハ之ヲ許サス

参議院司法委員会での議論

民法一条二項に関しては、参議院司法委員会以外では特に反対論や修正の意見は見られなかった。参議院司法委員会では、松村眞一郎議員が次のような意見を述べていた。

「この一条の第一項、第二項は憲法に書いてあることを民法になぜ書かなければならんか、憲法で分ることではないかと私は思うのであります。信義誠実を要するということは、憲法のどれに根拠を置いておるのでありますか。これは道徳上のことを言っておるのであります。憲法上のどれによってこんなことを加えるのであるか、そういうことは私は不明確と思うのであります。」

これに対して奥野健一政府委員は次のように答えた。

1　林信雄「法律における思想と倫理—信義則論の史的展開—」横浜商科大学紀要一巻（一九七七年）一五頁。
2　林信雄「信義誠実則の学界思潮的反省」法律時報一一巻八号（一九三九年）七六頁。
3　野田孝明「信義誠実の原則」綜合法学一巻五号（一九五八年）三三頁。
4　渡辺博之「信義誠実の構造論的考察（一）—信義則の行為規範的側面の再評価—」民商法雑誌九一巻四号（一九八五年）四七五頁。

「信義誠実の原則ということは憲法の明文には出ておりません。併し憲法の上で権利濫用を禁止しておるようなところから見まして、その趣旨精神はおのづから憲法にあるものというふうに考えられると思います。而して信義誠実の原則ということは、成る程これは一面道徳的な原則でもありましょうが、同時にそれはやはり法律的な規範であるのでありまして、他の各種の法律にもある、又もう既に従来判例等におきましても、信義誠実の原則というのは、要するに債権のみならず、すべての債権債務、権利義務の根本最高の原則であるということにもなっておりますので、この際それらの点を明文の上で明らかにすることは必ずしも無駄のことではない、又道徳的原則であると同時に法律的な原則でもありまして、例えば形式的な権利の行使は権利の行使ではありますが、それが信義誠実の原則に反しておる場合は、直ちに法律的な効力を生じて、それは権利の行使と認めることができない、場合によってはこれは権利の濫用となり[1]、これによって損害を加えたような場合には、不法行為にまで発展をする法律的な効果を持つことになります。又義務の不履行につきましても、信義誠実の原則に反したる場合には、本当の義務の履行、いわゆる債務でありますれば、債務の本旨に従った履行にはならない、従って弁済たる効力がない、やはり債務不履行だというふうにも法律的にはなる、こういう意味で同時に法律的な効力を持っておるわけでありまして、この点は現在でも民法九十条に、公の秩序又は善良の風俗というふうなことと同じ意味で、やはりやや道徳的な原則であると同時に、これは民法の権利にもなるというふうに考えまして入れたわけであります[2]。」

それでも松村議員は民法一条を置く必要がないことを説くが、「もうこれ以上申しません」として議論は終了する。

こうして、信義誠実の原則は、現行民法に法的根拠を獲得することになったのである。続けて一九四八年（昭和二三年）には、刑事訴訟規則が制定され、その一条二項に「訴訟上の権利は、誠実にこれを行使し、濫用してはならない。」と規定されたことも注目に値する。

1　広中俊雄「信義誠実の原則の適用範囲」『続学説展望』別冊ジュリスト四号（一九六五年）五六頁によると、この民法改正により民法学者は信義誠実の原則と権利濫用法理との関係を論ぜざるをえなくなったという。

2　第一回国会参議院司法委員会会議録第一八号三頁。

第三章　信義誠実の原則による法創造

第一節　信義誠実の原則の適用領域を明確化する試み

社会生活の問題が信義誠実の原則によって解決される

民法典制定当初から契約自由の原則が採用されてきたが、その過度に利己主義的な自由が問題となり、また終戦直後の経済的混乱、住宅不足などの事情も加わり、紛争解決には法律や契約の文言をそのまま適用するだけでは対応できない状況が生じていた。すると裁判所は、それらの問題について信義誠実の原則を適用することで、賃貸借契約における解除権の行使を制限したり、契約上の義務内容の拡大、さらには契約当時に予想できなかった事情の変化を理由に契約の解除を認めたりするなど、その裁判の数や適用領域がさらに広がっていくことになった。

すると、一九二〇年にスイスのベルンでエールリッヒに会って大きな影響を受けたとされる[1]末弘厳太郎は、法学者が信義誠実の原則やその他の道義則が生活規範の中心として実存の社会関係を規律し成り立たしめている現実を無視していることを批判し[2]、中塩屋九一郎も信義誠実の原則の内容は社会生活の現実から汲み取られるべきと主張するようになる。[3] つまり、信義誠実の原則を分析するにあたっては、法律に現れていない社会のルールを見るべきであるというのである。

信義誠実の原則を適用した裁判例を機能別に分類する（事案類型の形成）

一九六〇年代に入り、信義誠実の原則を適用した裁判例が新たな展開を示すようになると、多くの学説は、信義誠実の原則を濫用することに対する警戒から、それらの裁判例を機能別に分類し、その射程を確認する方法をとっていく。この日本の機能的分類理論に大きな影響を与えたのは、やはりドイツの学説であった。第二次世界大戦後のドイツでは、信義誠実の原則を適用した膨大な判例[4]を整理することが課題となっていた。すると一九五六年にヴィアッカー（Wieacker）は、信義誠実の原則の適用を新たな法形成と位置づけて、その方向性として給付義務を具体化したり付随義務の創出をしたりする審判人の職務的機能、権利行使を制限する根拠や基準を提供する悪意の抗弁的機能、裁判官による法に反した新たな法創造機能という三つの機能があるとした。[5]

このドイツの理論の影響を受けた好美清光は一九六二年に、信義誠実の原則には、裁判官の職務的機能、衡平的機能、社会的機能、権能授与的機能があるとし、そこに該当する裁判例を分類・整理したのである。[6] その後も、

1　小野秀誠「法学上の発見と民法（四）」一橋法学一二巻一号（二〇一三年）四二頁。
2　末弘嚴太郎「一〇　法律関係と道義則」『民法雑記帳（上巻）』（日本評論新社、一九五三年）七二頁。
3　中塩屋九一郎「民法改正に於ける『公共の福祉』の理念と『信義則』との関係に就て」北海道学芸大学紀要第一部四巻一号（一九五三年）四六頁。
4　例えば、ドイツの信義誠実の原則に関する裁判例を網羅的に記載した注釈書であるW. Weber, Treu und Glauben（§ 242 BGB）, 1961を見ると、その内容は一三〇〇頁以上に達している。
5　Wieacker, Zur rechtstheoretischen Präzisierung des § 242 BGB, 1956, S. 15 ff.
6　好美清光「信義則の機能について」一橋論叢四七巻二号（一九六二年）一八六頁以下。

一九八三年に菅野耕毅[1]が主張したような「法具体化機能」、「正義衡平機能」、「法修正機能」、「法創造機能」の四つの機能に分類するものや、「権利義務の具体化」「規範の創設」「法律行為の解釈基準」の三つに分類するもの[2]も現れる。

さらにシンプルに二つに分類するものとして「契約から生じる権利義務関係の存否を究極的に判断する価値である『正義・公平』と等しい、という機能（交換的正義規範）」と「契約が成立していない段階における権利義務の根拠となる、という機能（信頼保護規範）[3]」、他には「規範形成的機能（積極的機能）＝義務者側の行為準則」と「規範抑制的機能（消極的機能）＝権利者側の行為準則[4]」、さらには「信義則の適用による紛争処理（本来的機能）」と「信義則の利用による法形成（欠缺補充機能[5]）」がある。

信義誠実の原則と古典的な法命題との結びつき

機能的分類理論とともに信義誠実の原則は、さらに古典的な法命題と結び付けられて説明されるようになる。例えば、不誠実な行為により取得した権利の主張は許されないというクリーンハンズの原則、自らの言動によって一定の事実の存在を相手方に信じさせた者は、相手方がそれを信じて自己の利害関係を変更した場合にはその者に対してその事実の不存在を主張できないとする矛盾挙動禁止の原則（あるいは禁反言の法理）、契約締結のときに当事者の前提とした事情とは別の事情が生じ、そのまま契約の維持をするのが不当な場合には契約の解除権を認めるとする事情変更の原則、不動産物権変動において背信的悪意者に対しては登記がなくても対抗できるとする背信的悪意者排除の法理、賃貸借契約においては当事者間の信頼関係が破壊さ入れた場合にのみ契約の解除が認められるとする信頼関係破壊の法理である。

このように学説では信義誠実の原則が適用された裁判例を整理・分析することで、その具体的な適用基準を明らかにし、信義誠実の原則が濫用されないように裁判をコントロールしようとしたのであった。同じようなことはドイツでも言われており、信義誠実の原則の事案類型が「事件の解決のために適切な法命題を導き出すもの[6]」、あるいは「裁判のための手助け[7]」と考えられているのである。

機能的分類理論の問題点

信義誠実の原則の機能的分類理論をめぐっては次のような問題点が指摘される。

石田穣は、法律などを適用できる事件に信義誠実の原則を適用し法律などと同一の結論を導くのは「一般条項への逃避」であり、法律などを適用できる事件に信義誠実の原則を適用し法律などと反対の結論を導くのは「法律の軟化」であると定義し[8]、信義誠実の原則による制定法の修正は認められないと主張する[9]。また渡辺博之は、信義誠実の原則を人が社会生活において守るべき規範（行為規範）として理解し、「既存の制定法規範の修正（法

1　菅野耕毅『信義則の理論』（信山社、二〇〇二年）一八五頁以下、初出は「信義則理論の現状」森泉章編『現代民法学の基本問題上』（第一法規出版、一九八三年）。
2　四宮和夫・能見善久『民法総則（第七版）』（弘文堂、二〇〇五年）一六頁。
3　平井宜雄「契約法学の再構築（二）―法律家の養成という視角から―」ジュリスト一一五九号（一九九九年）一四〇頁。
4　辻正美『民法総則』（成文堂、一九九九年）三三頁。
5　広中俊雄『民法綱要一巻』（創文社、一九八九年）一二〇頁以下。
6　Fikentscher, Schuldrecht. 9. Aufl. 1997, RdNr. 167.
7　Münchener Kommentar zum Bürgerliches Gesetzbuch, Bd. 2, 5. Aufl. 2007, § 242 RdNr. 41. [Roth].
8　石田穣「信義誠実の原則と法解釈の方法」『私法学の新たな展開』（有斐閣、一九七五年）七八頁。
9　石田穣「信義誠実の原則が民法で果たす機能について」法学教室二期五号（一九七四年）三六頁。

修正的機能）や、いわゆる法律の欠缺の補充、新たな法規範の創造（法創造的機能）」などの立法者機能を認めるべきではないと主張する。[1]

また裁判所が信義誠実の原則を根拠として認めた義務について、「契約解釈の問題として『信義則上の義務』を認めたものか、法が規定していない部分を補充したものか、さらには新たに法を創造したものか」がはっきりせず、それゆえ信義誠実の原則を「機能的に分類をして、適用の当否を考えるというのは、理論的には考えられても、個々の具体的場面ではすっきりと割り切れないという気がする」[2]という見解や、「あらゆる場面を想定して『事例群』を形成し、それにあわせて『ルール化』することは、実際上不可能であり、そもそもそうしたことが可能なら、はじめから一般条項など定める必要もない」[3]との意見も見られた。

ドイツでも同様に信義誠実の原則の事案類型については次のような批判がある。例えば、ラルフ・ヴェーバー（Ralph Weber）は、信義誠実の原則の事案類型は、確実な要件を定めるものではないこと、新しい問題が生じた場合には役に立たないこと、司法による法の発見を超えたもので権力分立の原則に反するというのである。[4]

第二節　信義誠実の原則の規定自体を明確化する試み

「信義誠実」が意味するものとは（信頼保護と相手方への配慮）

「信義誠実」の文言自体が何を意味するのかについて、古くはドイツのダンツが「信頼とその信頼に基づいた許容」[5]と述べていたことから、このダンツの影響を受けた日本の学説も「互いに相手方の信頼を裏切らないように誠意をもって行動すること」[6]としている。ここから、具体的な状況において相互に相手方が抱く正当な期待を尊重し、その期待に沿って行動すること、さらには相互に注意を払って配慮をつくすことによってこそ信頼を形成することができると考えられてきた。[7] 実際の裁判でも信義誠実の原則が信頼関係に基づいて当事者間に内在している規範、例えば契約締結に向けての交渉段階においてそれを不当に破棄しないことや、契約締結の際に正確で十分な情報提供や助言を与えること、継続的な契約において正当な理由なしに契約関係の解消を認めないことなどが認められてきたのである。

このように信義誠実の原則によって当事者間の内在的な規範が契約の中に取り込まれることから、内田貴は信義誠実の原則を実定法の中に異なる次元の規範を導入する一種のパイプとして理解すべきであると主張している。[8] ただし、これについては、契約当事者間の慣行でなされてきた両建預金が独占禁止法違反（優越的地位の濫用）とされた判例もあり、単に内在的規範を実定法に吸い上げているだけではないとの意見もある。[9]

1　渡辺博之「信義誠実の構造論的考察（一）―信義則の行為規範的側面の再評価―」民商法雑誌九一巻四号（一九八五年）四七五頁。
2　吉田光碩「信義則上の義務」判例タイムズ六三二号（一九八七年）七四頁。
3　山本敬三『民法講義Ⅰ総則（第二版）』（有斐閣、二〇〇五年）五一七頁。
4　R. Weber, Einige Gedanken zur Konkretisierung von Generalklauseln durch Fallgruppen, AcP 192 (1992) , S. 565 f.
5　Danz, Die Grundsätze von Treu und Glauben und ihre Anwendung auf die Rechtsverhältnisse des Bankverkehrs, 1909, S. 9.
6　野津務「『信義誠実の原則』の発展的意義（一）」法学協会雑誌五二巻一一号（一九三四年）一四頁以下、我妻栄『新訂・民法総則』（岩波書店、一九六五年）三四頁。
7　井上徹「債権法における法的な平等・衡平・信義誠実則と安全配慮義務論―序説―」亜細亜法学三四巻一号（一九九九年）二一頁。
8　内田貴『契約の再生』（弘文堂、一九九〇年）二三〇頁。
9　内田貴「現代契約法の新たな展開と一般条項（五）」NBL 五一八号（一九九三年）三二頁［舟田正之のコメント］。

民法一条二項は、他の条文と質的に違うのか

信義誠実の原則を規定する民法一条二項と他の条文との間に、質的な違いがあるのか。

この問いに対しては、一般的に、信義誠実の原則のような規定が一般条項と呼ばれ、制定法上、高度に一般化（抽象化）した文言を構成要素とする規範命題であると説明される。[1]

またドイツでは、一九九〇年にユルゲン・シュミット（Jürgen Schmidt）が、信義誠実の原則の規定と他の条文との質的な違いについて検討していたことから、[2]このシュミットの理論をもとにして日本でも信義誠実の原則の規定自体の特性についての分析がなされた。例えば、佐藤岩夫は通常の法規範が要件や効果が明確なルール（Regel）であるのに対して、民法一条二項などの一般条項は原理（Prinzip）としての性質を有する、つまり規定自体には何らの意味内容がなく、むしろ対抗する様々な原理で最適なものを命ずるということが明文で定式化されているという。[3]

その他に、奥野健一は「信義誠実の規定は強行法規であって、当事者の合意を以ってもこれを左右することはできない」[4]と、契約によっても信義誠実の原則の適用を排除できないとしている。

信義誠実の原則を硬直化させてはならないのか

佐藤岩夫[5]は、信義誠実の原則を硬直化させてはならないと主張するドイツのトイブナー（Teubner）の理論を日本に紹介する。トイブナーによると、契約当事者間では、契約締結時に合意された事項に拘束されるのみならず、合意されていない要素、すなわち相互行為レベル（具体的な当事者の人的関係、例えば矛盾行為の禁止）、制度レベル（市場や組織との関係、例えば企業における保護義務、説明義務など）、社会レベル（経済・政治・法のシステム間の調整、例えば事情変更の原則）から出される要求を契約内部に取り入れ、それらを調整する役

割を担っているのがまさしく信義誠実の原則であり、その内容が硬直的なものとなってしまうと本来を果たせなくなるというのである。[6]

信義誠実の原則が何を意味するかではなく信義誠実でないものを明らかにする

「信義誠実」とは何かという問いについて、正直はっきりと答えることができないが、信義誠実でないものならわかるのではないか。このようなことを考えたアメリカのサマーズ（Summers）の理論が、吉田直[7]によって日本に紹介される。サマーズは信義誠実（good faith）の用語自体には内容がなく、むしろ売主が販売する商品の欠陥を隠す、あるいは故意に取引の達成を妨げるなどの不誠実（bad faith）を排除する原則（excluder）、すなわち信義誠実の原則によって何を排除しようとしているかを考察とすべきであると主張する。[8]このサマーズの理論は、これまでの信義誠実の原則の機能別分類理論と方向性が同じで、基本的には何が信義誠実の原則に反する

1　川崎武夫「私法における一般条項と条理」恒藤先生古稀祝賀記念『法解釈の理論』（有斐閣、一九六〇年）二六九頁。
2　J. Schmidt, Präzisierung des §242 BGB – eine Daueraufgabe?, in : Behrends, Dießelhorst und Dreier(Hrsg.), Rechtsdogmatik und praktishe Vernunft, 1990, S. 234.
3　佐藤岩夫「信義則分析の基礎視角」鈴木祿彌先生古稀記念『民事法学の新展開』（有斐閣、一九九三年）二二頁以下。
4　奥野健一「債権法に於ける指導原理としての信義誠実の原則」法学志林四一巻六号（一九三九年）五頁。
5　佐藤岩夫「法の現実適合性と一般条項―トイプナーのシステム論的アプローチの検討―」法学五三巻六号（一九九〇年）七二八頁以下。
6　Alternativkommentar zum Bürgerlichen Gesetzbuch, Bd. 2, 1980, §242, RdNr. 5 ff. [Teubner].
7　吉田直「商事法における信義誠実義務について」国学院法学二四巻四号（一九八六年）七四頁以下。
8　Summers, Good Faith in American General Contract Law, in : Behrends, Dießelhorst und Dreier（Hrsg.）, Rechtsdogmatik und praktische Vernunft, 1990, S. 134.

のかということを中心にその内容を明らかにしようとする試みである。

これに対してユルゲン・シュミットは、信義誠実の原則はその内容に関する情報が乏しいので、むしろその適用によって新しく形成された法と他の法律の条文との関係を検討すべきであると主張する[1]。つまりこの理論では、信義誠実の原則に反するとされた裁判例から形成された事案類型が、信義誠実の原則自体を具体化すると捉えるのではなく、むしろ他の規定をどのように具体化、補充、修正しているかを明らかにしようとするのである。

第三節　信義誠実の原則を適用した判例の明文化

ドイツにおける信義誠実の原則の適用事例の明文化

ドイツでは、二〇〇一年の債務法現代化法により信義誠実の原則に基づいて確立された法制度の明文化がなされている。例えば、契約の基礎となっている事情が契約締結後に予見し得ないほど著しい変化が生じたときに、契約の解消や改訂の要件・効果について論じられた行為基礎の喪失理論がドイツ民法三一三条に、契約などで接触した当事者の人格や財産を損害から守る保護義務がドイツ民法二四一条二項に[2]、さらに信義誠実の原則による不当な普通取引約款の内容規制[3]がドイツ民法三〇七条に規定された。このように信義誠実の原則の適用事例から事案類型が形成され、そこから確立された法理論が明文化されるといった作業は、ベアター（Beater）の言葉を借りれば「新たな法制度の展開は、事案類型なしにはおよそ不可能であろう[4]」と言える。

日本における信義誠実の原則の適用事例の明文化

日本では、一九九六年（平成八年）に新設された民事訴訟法二条に「裁判所は、民事訴訟が公正かつ迅速に行われるように努め、当事者は、信義に従い誠実に民事訴訟を追行しなければならない」という規定が置かれ、また二〇〇一年に施行された消費者契約法の一〇条では、信義誠実に反して消費者の利益を一方的に害する契約が無効とされた。さらに二〇〇八年から施行された労働契約法五条には、信義誠実の原則に基づいて認められてきた安全配慮義務が明文化され、二〇二〇年に施行された民法六一三条三項でも、賃借権に基づいて適法に成立している転貸借に関して、賃貸借契約が合意解除された場合には信義誠実の原則に従い、賃貸人は転借人に対抗できないとする判例法理が明文化されているのである。[5]

このような信義誠実の原則の過渡性については、以前から学説によって指摘されていた。[6] すなわち、椿寿夫の言葉を借りると、「一般条項は、それの暫定的借用という現象があることにも注意してよい。ある法律問題が発生したが、既存の具体的条文からは適切ないし妥当な解決を導きだせない場合において、判例や学説は一時これらー般条項を利用することもある。このときは、やがて落ち着くべき先が現われ、信義則や権利濫用の役割から

1　J. von Staudingers Kommentar zum Bürgerlichen Gesetzbuch mit Einführungsgesetz und Nebengesetzen, 2. Buch, 13. Bearb., 1995, § 242, RdNr. 182, 239, 322 ff.
2　Schlechtriem, Schuldrecht Allgemeiner Teil, 5. Aufl., 2003, RdNr. 105, 114.
3　ドイツの普通取引約款と信義誠実の原則との関係については河上正二『約款規制の法理』（有斐閣、一九八八年）三一八頁以下を参照。
4　Beater, Generalklauseln und Fallgruppen, AcP 194（1994）, S. 85.
5　山野目章夫編『新注釈民法（一）総則（一）』（有斐閣、二〇一八年）一三七頁［吉政知広］。
6　米倉明『民法講義 総則（一）』（有斐閣、一九八四年）一一頁。

離脱するわけである」[1]というのである。

第四節　社会のグローバル化と信義誠実の原則

市場経済の急速なグローバル化に伴い、世界的な規模で国際取引が行われるようになると、経済界からは世界中で利用できる取引のルール（契約法）が求められるようになる。すると、いわゆる万民法型の世界統一私法と言われているウィーン売買条約が一九八八年に発効されることになる。[2]日本も二〇〇八年にその国際的な動産取引に関する契約や損害賠償の基本的な原則を定めたウィーン売買条約に加入したことで、今や条約加盟国間の国際的な商取引では条約、会社法・商法、民法のルールが順に適用されることになっている。そのウィーン売買条約七条一項にも「この条約の解釈に当たっては、その国際的な性質並びにその適用における統一及び国際取引における信義（good faith）の遵守を促進する必要性を考慮する」と、信義誠実の原則が規定されているのである。[3]

またヨーロッパで各国の契約法を調和させ、統一化していく動きの中でも信義誠実の原則に注目が集まっている。例えばヨーロッパ契約法原則第一：二〇一条は「各当事者は、信義誠実（good faith）および公正取引に従って行為しなければならない」と規定されている。ヨーロッパ契約法原則は拘束力のある強行法規ではないが、法系間を超えてヨーロッパの契約法の統一化を模索するものであり、その加盟国の間では信義誠実の原則が契約法における基本原則として認識されていることが伺えるのである。

また国際的な取引にとどまらず、国際的な義務の履行においても信義誠実の原則が重要な役割を果たしているとされる。[4]例えば、国連憲章二条二項には「すべての加盟国は、加盟国の地位から生ずる権利及び利益を加盟国のすべてに保障するために、この憲章に従って負っている義務を誠実（good faith）に履行しなければならない」

とあり、また条約法条約三一条一項には「条約は、文脈によりかつその趣旨及び目的に照らして与えられる用語の通常の意味に従い、誠実（good faith）に解釈するものとする」といった規定が見られるのである。[5]

以上のように、ローマ法上の信義誠実の原則は、今や世界の条約あるいは取引法にも影響を与え続けているのである。

第一部のまとめ

なぜ法律に信義誠実の原則が必要なのか。

ローマ法では厳格な法の適用による不都合な結果を回避するために信義誠実の原則が必要であった。法典編纂時代においては、法律や契約で定められていないことを判断する基準として、信義誠実の原則が法典に盛り込ま

1　椿寿夫「権利・義務に関する基本原則［一条］」法学教室一三九号（一九九二年）三一頁。
2　加藤亮太郎『国際取引法と信義則』（信山社、二〇〇九年）二三頁。
3　山田恒夫「信義則条項の米独における解釈の異同について」比較法二三号（一九八六年）一一五頁。
4　村瀬信也「国際紛争における『信義誠実』原則の機能―国際レジームの下における締約国の異議申立手続を中心に―」上智法学論集三八巻三号（一九九五年）一九七頁。
5　村上太郎「国際法における一方的約束の拘束力の基礎―「信義誠実の原則」、その内容およびその役割―」一橋論叢一二〇巻一号（一九九八年）三八頁。

れた。日本では、契約の自由を制限ないし修正する原理として信義誠実の原則が登場する。信義誠実の原則が民法一条二項に法的根拠を得た現在では、生きた法（実定法に現れていない社会規範）を、法律の世界に反映させるという役割を担っている。

つまり、法律を尊重（あるいは契約を尊重）しようとすればするほど、そこから生じる不都合な結果については、同じく法律に根拠を有する信義誠実の原則で修正せざるを得ない。これにより法律は守られなければならないという法治国家の大原則を維持することができる。なぜなら、信義誠実の原則も法律だからである。

しかし、この点についてドイツのヘーデマンは「信義誠実の原則を適用して差し迫った個々の紛争を解決していくと、新しい法制度が創設され、その結果、裁判の地位を高めることになる」[1]と指摘する。するとここで、裁判所が立法機能をも有することになるのではないかという疑問が生じる。

歴史を振り返ってみても、社会が経済的に困窮すると、信義誠実の原則にその解決を求めようとする傾向が見て取れたのである。そうすると、やはり裁判所による信義誠実の原則を介した恣意的な判断を回避する上でも、過去の裁判例の分析、とりわけこれまでに信義誠実の原則によって法律の規定がどのように修正されてきたのかを明らかにしたうえで、新たな法制度の創造が必要かどうかを見極める作業が必要となるのではないだろうか。

そこで次の第二部では、信義誠実の原則が多くの法律の個別規定に対して、どのような影響（具体化、補充、修正）を与えてきたのかについて、個別の規定ごとに確認していくことにしたい。

1　Hedemann, Die Flucht in die Generalklauselun, 1933, S. 61. また、大塚郷二「現代法と一般的条項」法律時報七巻八号（一九三五年）八七二頁。

第二部

信義誠実の原則による法律の具体化・補充・修正

第二部では、信義誠実の原則を分析するにあたって、個別具体的な事件に適用される条文を示したうえで、その条文に対して信義誠実の原則がどのように作用しているのかを紹介していく。ちなみに取り上げた裁判例に下級審裁判例も含まれているのは、国家権力の発動のあった裁判基準を知る上で重要と考えたからである。

第一章　民法

第一節　総則編における信義誠実の原則

法人と信義誠実の原則

民法三三条
「法人は、この法律その他の法律の規定によらなければ、成立しない。」
新たに設立された法人には、他の法人の債務を弁済する法的義務はない。しかし、大阪高判平成一二年七月二八日[1]は、ある会社が廃業するにあたり、営業用財産や商標等をその姉妹会社に譲渡した場合、その財産を引き継いだ姉妹会社が廃業した会社との別人格を主張して債務を免れようとすることは信義誠実の原則に反するとした。

民法三四条

「法人は、法令の規定に従い、定款その他の基本約款で定められた目的の範囲内において、権利を有し、義務を負う。」

法人はその目的の範囲外の行為については権利義務を有しないが、最判昭和五一年四月二三日[2]は、病院を経営する財団法人がその目的の範囲外の事業を行うためにその敷地と建物を売却した場合であっても、売買の無効を主張しないと買主が信じたことに正当な理由があり、また売買のときから七年一〇カ月が経過して売主である法人が売買契約の無効を主張することは信義誠実の原則に反するとした。

慣習と信義誠実の原則

民法九二条

「法令中の公の秩序に関しない規定と異なる慣習がある場合において、法律行為の当事者がその慣習による意思を有しているものと認められるときは、その慣習に従う。」

ある組合員が組合を脱退し、その脱退組合員に持分の払戻しをするときに、脱退組合員の出資金額を上限とする慣習があったが、その現実の出資額を超える部分の払戻請求がなされたときに、大阪地判平成八年三月二七日[3]はその払戻請求が信義誠実の原則に反し、権利を濫用するものであるとした。

心裡留保と信義誠実の原則

民法九三条一項

「意思表示は、表意者がその真意ではないことを知ってしたときであっても、そのためにその効力を妨げられない。ただし、相手方がその意思表示が表意者の真意ではないことを知り、又は知ることができたときは、その意思表示は、無効とする。」

冗談で意思表示をしたとしても原則として有効となるが、相手方がその真意を知っていたあるいは少し調べれば知ることができたときは無効となる。名義貸しに関して大阪高判平成一一年五月二七日[4]は、会社の代表取締役から名義貸しを頼まれ、自らは何も負担しなくてもよいと考えた従業員が、銀行との間で消費貸借契約を締結した場合、銀行の支店長も名義貸しを知っていた場合には、銀行が消費貸借契約の履行を求めることは信義誠実の原則に基づき許容し難く、民法九三条但し書きの類推適用によりその契約を無効とした。

錯誤と信義誠実の原則

民法九五条一項

「意思表示は、次に掲げる錯誤に基づくものであって、その錯誤が法律行為の目的及び取引上の社会通念に照らして重要なものであるときは、取り消すことができる。

1　金融・商事判例一一一三号三五頁。
2　民集三〇巻三号三〇六頁。
3　判例タイムズ九一六号二一六頁。
4　金融・商事判例一〇八五号二五頁。

一　意思表示に対応する意思を欠く錯誤
二　表意者が法律行為の基礎とした事情についてのその認識が真実に反する錯誤」

勘違いによる意思表示を取り消すことができるという規定であるが、千葉地判平成一四年七月一二日[1]は、契約当事者の一方（千葉県と千葉市）が相手方に土地を譲渡してほしいと要請し、代わりに埋立地を取得させると確約して契約を締結しておきながら、計画を見直して相手方に代替地を取得させなかった場合、契約締結の時点では代替地を取得させるつもりがなかったとは言えないため相手方に誤った認識による意思表示の錯誤はないが、売買契約に伴う信義誠実の原則に基づく義務に違反しているとして県と市は損害賠償責任を負うとした。

意思表示の効力発生と信義誠実の原則

民法九七条一項
「意思表示は、その通知が相手方に到達した時からその効力を生ずる。」

「退職を認める」という意思表示は相手方に到達して初めてその効力が生じるのであるが、東京地判平成一七年一〇月七日[2]は、会社の従業員が会社に対して退職の意思表示をした日から欠勤を続けて一切連絡を取ろうとせず、またその妻に退職の手続と私物整理のために本人と連絡を取りたいと会社が伝えていた場合、会社から退職の承認の意思表示が到達する前であったとしても、退職の承認があったことを知り又は知ることができる状況にあったので、信義誠実の原則に基づき会社による退職承認の意思表示が到達したのと同視すべきとした。

代理行為の瑕疵と信義誠実の原則

民法一〇一条

「代理人が相手方に対してした意思表示の効力が意思の不存在、錯誤、詐欺、強迫又はある事情を知っていたこと若しくは知らなかったことにつき過失があったことによって影響を受けるべき場合には、その事実の有無は、代理人について決するものとする。」

代理人が締結した契約についての錯誤に関して、代理人が錯誤に陥っていたかどうかで決めるとする規定であるが、東京地判平成八年七月三〇日[3]は、変額保険契約について複数の保険会社から保険者として契約締結の実質的な判断を委ねられていた銀行の支店長が、保険契約者に相続税対策等で有利であるとの説明をして誤信させ保険契約の申込みの意思表示をさせたときは、その意思の欠缺、瑕疵に関する認識、過失等については支店長が保険会社の代理人である場合に準じて、支店長についてその事実の有無を決定するのが信義誠実の原則に照らして相当であるとした。

代理権の濫用と信義誠実の原則

代理権の範囲内ではあるが、自己または第三者の利益を図る目的で代理権を行使するとどうなるか。既に、名古屋高判昭和五一年一一月二九日[4]は、「代理人が自己の利をはかるため、本人を代理して弁済金を受領することは、代理人の権限濫用行為というべきであり、このことを熟知しながらあえてその代理人に弁済金を交付したものは、信義誠実の原則により本人に対し弁済行為の有効なることを主張しえないものと解するのが相当である」として

1　判例地方自治二五〇号八九頁。
2　労働経済判例速報一九一八号一一頁。
3　判例タイムズ九二四号一九三頁。
4　判例タイムズ三四七号一八九頁。

いた。その後の民法改正によって次のような規定が設けられた。

民法一〇七条

「代理人が自己又は第三者の利益を図る目的で代理権の範囲内の行為をした場合において、相手方がその目的を知り、又は知ることができたときは、その行為は、代理権を有しない者がした行為とみなす。」

無権代理行為の追認と信義誠実の原則

民法一一三条一項

「代理権を有しない者が他人の代理人としてした契約は、本人がその追認をしなければ、本人に対してその効力を生じない。」

無権代理行為は、本人が追認しなければ代理としての効力は生じないとするものであるが、大判昭和一七年二月二五日[1]は、無権代理行為後に生じた相続により、無権代理人が本人の地位を承継した場合、その無権代理人が本人の資格で追認を拒絶して代理の効果を自己に帰属させないようにすることは信義誠実の原則に従って許されないとした。

また最判平成三年三月二二日[2]は、未成年者の後見人として選任された二名の者が未成年者を代理して売買契約を締結したが、後にその選任が無効であったことがわかったときに、未成年者の利益が損なわれたわけではなく、また未成年者が成年に達しても両名による財産管理を事実上承認していたとすると、未成年者がその後見人による無権代理行為の追認を拒絶するのは信義誠実の原則により許されないとした。

無効な行為の追認と信義誠実の原則

民法一一九条

「無効な行為は、追認によっても、その効力を生じない。ただし、当事者がその行為の無効であることを知って追認をしたときは、新たな行為をしたものとみなす。」

無効な契約だと知りながらそれを追認した場合には新たな契約をしたとするものであるが、東京高判平成一三年二月八日[3]は、社会保険庁による入札について談合が行われ、これに基づいて入札した業者によって締結された契約は無効となるが、談合が発覚した後に社会保険庁が納品を求める一方で価格の見直しを求め、支払済みの代金の一部返還求めていたことから無効な契約が追認されたと入札業者が主張した場合、信義誠実の原則や禁反言の法理は、国民全体と談合による入札者との間で適用すべきであって、国民全体に対して信義誠実の原則に反する行為をしたのはむしろ入札業者らであるので、無効な契約が追認されたとは言えないとした。

条件成就と信義誠実の原則

民法一二七条一項

「停止条件付法律行為は、停止条件が成就した時からその効力を生ずる。」

一定の条件を満たせば契約の効力が生じる停止条件付契約について、大阪地判平成一四年九月五日[4]、東京地判

1　民集二一巻一六四頁。
2　判例タイムズ七五七号一三一頁。
3　判例時報一七四二号九六頁。
4　判例タイムズ一一二一号二五五頁。

平成一五年九月一二日[1]は、破産法上の否認権行使を免れるために停止条件付債権譲渡担保契約を締結していた場合、停止条件成就時に債権譲渡通知がなされたとしても、債権譲受人は信義誠実の原則に基づき破産管財人に対してその契約が停止条件付であることを主張できないとした。

条件の不正な成就と信義誠実の原則

民法一三〇条二項

「条件が成就することによって利益を受ける当事者が不正にその条件を成就させたときは、相手方は、その条件が成就しなかったものとみなすことができる。」

大学に合格すれば車を買ってあげるといった停止条件付契約について、替え玉受験で合格していた場合には車を買ってもらえないとする規定であるが、最判平成六年五月三一日[2]は、「アートネイチャーが櫛歯ピンを取り付けた部分かつらを製造販売しない」、「これに違反した場合にはアデランスに対して一〇〇〇万円の違約金を払う」という内容の和解が成立していたが、アデランスの関係者が客を装ってアートネイチャー側にその部分かつらの制作を強く要求して、アートネイチャー側がしかたなく応じていたときには、民法一三〇条の類推適用により、アートネイチャーは条件が成就していないものとみなすことができるとした。この原審においては、アデランス側が条件成就を主張することが信義誠実の原則に反し許されないとされており、最高裁はこの理論を是認したのである。

期限の利益と信義誠実の原則

民法一三六条二項

「期限の利益は、放棄することができる。ただし、これによって相手方の利益を害することはできない。」

約束した期限が来るまでは借金を返済しなくてもいいという債務者の利益は放棄することができるとするものであるが、さいたま地判平成一三年五月二九日[3]は、期限の利益喪失後に一括請求がなされずに、約定利息の支払いが続けられていた場合に、その約定利息の元本充当計算を行うにあたって、利息ではなく約定損害金に充当することが信義誠実の原則に反し権利の濫用として許されないとした。また、最判平成二一年九月一一日[4]は、貸金業者が、期限の利益の喪失がないと誤信した借主の誤解を解くことなく弁済を受領しておきながら、借主から過払金の返還を求められた際に期限の利益の喪失を主張して、遅延損害金の制限利率によって過払金の元本への充当計算をすべきであると主張することは、信義誠実の原則に反し許されないとした。

時効の援用と信義誠実の原則

民法一四五条

「時効は、当事者（消滅時効にあっては、保証人、物上保証人、第三取得者その他権利の消滅について正当な利益を有する者を含む。）が援用しなければ、裁判所がこれによって裁判をすることができない。」

時効によって利益を受ける者（援用権者）は時効が成立したことを主張する必要があるとするものであるが、岡山地判昭和四七年一月二八日[5]は、交通事故による損害賠償の請求を受けた者が、その事故について刑事責任の

1　判例時報一八五三号一一六頁。
2　民集四八巻四号一〇二九頁。
3　金融・商事判例一一二七号五五頁。
4　判例タイムズ一三〇八号九九頁。
5　判例タイムズ二七六号三四五頁。

有無が確定するまで民事上の損害賠償請求に応じるかどうかの回答の猶予を求めていたにもかかわらず、刑事事件の確定前に完成した消滅時効を援用することは信義誠実の原則に照らして許されないとした。

また、東京地判平成八年七月一日[1]は、三者で循環取引をしていたところ、最後の当事者間の売買契約について売主が売買代金の支払を求めて提訴したときに、買主が売主に誤解を与えて請求の矛先をかわしたり、無益な争いをしていたずらに時を経過させた場合には、買主による消滅時効の援用が信義誠実の原則に反するとした。

権利の承認と信義誠実の原則[2]

民法一四六条

「時効の利益は、あらかじめ放棄することができない。」

民法一五二条

「時効は、権利の承認があったときは、その時から新たにその進行を始める。」

債務者が時効完成後に債務の承認をした場合について、最大判昭和四一年四月二〇日[3]は、相手方は債務者がもはや時効を援用しないと考えるので、その後においては債務者による時効の主張を認めないと解するのが信義誠実の原則に照らして相当であるとした。

また、東京高判平成一六年八月二五日[4]は、「愛少女ポリアンナ物語」「家なき子レミ」「ちびまる子ちゃん」などのアニメが放送終了後にビデオ化されて販売されていたので、声優たちがビデオ化の使用料の支払いを求めたときに、アニメの動画製作会が文書をもってビデオ化資料支払義務が発生した可能性があることを認め、その支払いを実現するために声優らとの間で交渉について通知していた場合には、既に時効が完成していた債務については、時効の援用権を放棄し、あるいは、信義誠実の原則に従って時効の援用権を喪失したものと認められるとした。

催告と信義誠実の原則

民法一五〇条一項
「催告があったときは、その時から六箇月を経過するまでの間は、時効は、完成しない。」
裁判外で貸したお金を返してほしいなどと催告した場合には時効の完成が六カ月間猶予されるというものであるが、大阪地判平成一六年六月二九日[5]は、自動車の盗難の被害者が保険会社に対して保険金を請求したところ、保険会社が消滅時効を援用した事案で、被害者が何回かにわたり保険金の支払いを催促したり問い合わせをしたりしていたにもかかわらず、保険会社から調査中なのでもう少し待つように言われ続けたあげく、保険金不払の通知が来たという事情がある場合、被害者による催告のいずれについても保険会社から正式に支払いをしない旨の通知がされたときまで時効が進行しなかったと解され、保険会社が消滅時効を援用することは少なくとも信義誠実の原則に反して許されないとした。

1　判例時報一五九八号一二二頁。
2　拙稿「消滅時効完成後の債務の承認と信義誠実の原則―貸金業者と一般消費者との関係を中心に―」帝塚山法学一九号（二〇〇九年）一五〇頁以下も参照。
3　民集二〇巻四号七〇二頁。
4　判例タイムズ一二一二号一三三頁。
5　判例タイムズ一一八〇号二八七頁。

第二節　物権編における信義誠実の原則

不動産の対抗要件と信義誠実の原則[1]

民法一七七条

「不動産に関する物権の得喪及び変更は、不動産登記法その他の登記に関する法律の定めるところに従いその登記をしなければ、第三者に対抗することができない。」

土地や建物の二重売買においては、登記を先に取得した者が確定的に権利を取得できるのであるが、最判昭和二八年九月一七日[2]は、土地の上に借地人が所有する未登記の建物があることを知りながらその土地を買った者が、登記がないことを理由に土地の賃借権を否認した場合、信義誠実の原則に反し権利の濫用であるとした。

最判昭和四三年八月二日①[3]は、売主から山林を買い受けた買主が未登記のまま二三年間占有してきたという事実を知っている者が、買主に高値で売りつけて利益を得る目的で、売主から二重に山林を買受けて登記を取得した場合、その者はいわゆる背信的悪意者（信義誠実の原則に反する悪意者）であるとして、買主に対して登記がないことを主張できる正当な利益を有する第三者に当たらないとした。

占有保全の訴えと信義誠実の原則

民法一九九条

「占有者がその占有を妨害されるおそれがあるときは、占有保全の訴えにより、その妨害の予防又は損害賠償の担保を請求することができる。」

自らの占有物について妨害されるおそれがある場合には妨害の予防を求めることができるとするものであるが、仙台地判平成七年八月二四日[4]は、最下階の二階でも前面に遮るものがなく眺望採光とも心配はなく、さらに上階では遠くに海を望めることを強調してマンションを分譲した業者が、その南側に眺望及び日照を妨害する建物を建築する行為は、自ら形成した買主の信頼を害し、そのような建物を建築しないという信義誠実の原則に基づいた義務に違反するもので、しかもその背信性が著しいとして、未完成部分の建築工事の続行を差し止めることができるとした。

所有権に基づく物権的請求権と信義誠実の原則

民法二〇六条
「所有者は、法令の制限内において、自由にその所有物の使用、収益及び処分をする権利を有する。」

民法二一六条
「他の土地に貯水、排水又は引水のために設けられた工作物の破壊又は閉塞により、自己の土地に損害が及び、又は及ぶおそれがある場合には、その土地の所有者は、当該他の土地の所有者に、工作物の修繕若しくは障害の

1　拙稿「物権変動における信義誠実の原則（一）」帝塚山法学二七号（二〇一六年）二四四頁以下、同「物権変動における信義誠実の原則（二・完）」帝塚山法学二八号（二〇一七年）一三六頁以下も参照。
2　判例タイムズ三三号四七頁。
3　民集二二巻八号一五七一頁。
4　判例タイムズ八九三号七八頁。

除去をさせ、又は必要があるときは予防工事をさせることができる。」

民法には一般的な物権的請求権について規定は存在しないが、所有権に基づく妨害排除請求権が当然に認められるとされている。前橋地判昭和三六年九月一四日[1]は、群馬県の赤谷ダムの設置によって人造湖の眺望を売りにしている旅館が、広大な土地を有しているにもかかわらず、あえて競争相手である隣の旅館の眺望を害するために増築工事をすることは信義誠実の原則に反するとした。

公道に至るための他の土地の通行権と信義誠実の原則

民法二一〇条一項

「他の土地に囲まれて公道に通じない土地の所有者は、公道に至るため、その土地を囲んでいる他の土地を通行することができる。」

民法二一三条一項

「分割によって公道に通じない土地が生じたときは、その土地の所有者は、公道に至るため、他の分割者の所有地のみを通行することができる。この場合においては、償金を支払うことを要しない。」

一般的に袋地と呼ばれる公道に接していない土地の持ち主には、公道に出るために他人の土地を通行する権利があるとされているのであるが、東京地判昭和五五年一二月一九日[2]は、幅員約五〇センチメートルの通路があったとしても、土地が袋地であることには変わりがないが、その通路を一〇年間にわたって家族で利用してきた者が、自分の土地と建物を第三者に売却するために隣の敷地について隣地通行権を主張した場合、その隣人が建物の一部を取り壊さなければならないなどの損害を考慮すると、隣地通行権を主張して妨害排除請求をすることは信義誠実の原則に反するとした。

また、山口地徳山支判昭和五二年一二月一三日[3]は、隣地通行権を認めている通路の所有者が、自らその通路を道路としたうえで建築許可を受けておきながら、その後に駐車場経営で利益を得ようと、隣地通行権者の犠牲を顧みることなく通路の幅員を二・四四メートルから一・一メートルに減らすことは信義誠実の原則に反するとした。

境界標の設置と信義誠実の原則

民法二二三条

「土地の所有者は、隣地の所有者と共同の費用で、境界標を設けることができる。」

隣り合う土地や道路との境界に関する規定であるが、札幌高判平成四年四月二一日[4]は、北海道立近代美術館の駐車場として使用されている土地について、その隣地所有者が明渡しを求めたもので、以前に（法律上の根拠は不明であるが）北海道庁内務部長と隣地所有者との間で、境界確定のための公法上の契約が結ばれたと認定し、公法契約の性質及び信義誠実の原則に従って、隣地所有者はこの契約と異なる境界を主張できないとした。

境界線付近の建築制限と信義誠実の原則

民法二三四条一項

1　下民集一二巻九号二二六八頁。
2　判例タイムズ四四九号八三頁。
3　判例時報八九四号一〇三頁。
4　判例タイムズ七九五号一七四頁。

「建物を築造するには、境界線から五〇センチメートル以上の距離を保たなければならない。」

大阪地判昭和六三年九月二八日[1]は、隣地との境界線から五〇センチメートル以内に建物が立っているために本来空き地であるべき土地の部分を利用できないとして隣人を訴えた者が、自らも五〇センチメートル以内に建物を建てていた場合、その損害賠償請求は信義誠実の原則に反するとした。

最判平成三年九月三日[2]でも、民法二三四条一項が定める距離を置かずに建築された建物を所有する者が、その境界線の隣地所有者に対して同項が定める距離を置かなければ建築を許容しない旨を主張することが信義誠実の原則に反し許されないとされた。

共有物の使用と信義誠実の原則

民法二四九条

「各共有者は、共有物の全部について、その持分に応じた使用をすることができる。」

建物区分所有等に関する法律三〇条一項

「建物又はその敷地若しくは附属施設の管理又は使用に関する区分所有者相互間の事項は、この法律に定めるもののほか、規約で定めることができる。」

マンション分譲時に代価を払って取得した駐車場専用使用権を有する者が、その使用料の値上げを定めた新規約に基づく増額請求を拒否したところ、駐車場使用契約を解除されたという事件で、福岡高判平成七年一〇月二七日[3]は、マンションの分譲者には分譲後において区分所有者間に不公平を生じさせ、区分所有者の共同体の維持運営に困難をきたす原因となるような分譲方法をとってはならないという信義誠実の原則に基づく義務があることから、その駐車場専用使用権を有する者は新規約に拘束されるとした。

抵当権と信義誠実の原則

民法三六九条一項

「抵当権者は、債務者又は第三者が占有を移転しないで債務の担保に供した不動産について、他の債権者に先立って自己の債権の弁済を受ける権利を有する。」

債務者が弁済できない場合に備えて土地や建物を担保とする権利である抵当権について、大判昭和一三年二月一六日[4]は、自ら旧建物の登記を流用して新建物の登記のように偽装しておきながら、後になってその登記の無効を主張することは禁反言の法理により認められないとした。

根抵当権者または債務者の相続と信義誠実の原則

民法三九八条の八第二項

「元本の確定前にその債務者について相続が開始したときは、根抵当権は、相続開始の時に存する債務のほか、根抵当権者と根抵当権設定者との合意により定めた相続人が相続の開始後に負担する債務を担保する。」

継続的な取引から生じる不特定多数の債権を一括して担保とする根抵当権について、東京地判平成一一年七月二九日[5]は、自らの建物に根抵当権を設定した債務者が死亡し、六カ月以上が経過した後、相続人が根抵当権を流

1　判例タイムズ六九五号二〇八頁。
2　裁判所ウェブサイト
3　民集五二巻七号一六七八頁。
4　民集一七巻六一三頁。
5　金融法務事情一五八九号五六頁。

用することを前提に根抵当権者から融資を受けていたにもかかわらず、被相続人の死亡により相続開始時に遡って根抵当権の元本が確定し、その確定した元本が既に完済されているので根抵当権が存在しないとして、根抵当権設定登記の抹消請求をするのは信義誠実の原則に反するとした。

根抵当権の消滅請求と信義誠実の原則

民法三九八条の二二第一項

「元本の確定後において現に存する債務の額が根抵当権の極度額を超えるときは、他人の債務を担保するためその根抵当権を設定した者又は抵当不動産について所有権、地上権、永小作権若しくは第三者に対抗することができる賃借権を取得した第三者は、その極度額に相当する金額を払い渡し又は供託して、その根抵当権の消滅請求をすることができる。この場合において、その払渡し又は供託は、弁済の効力を有する。」

抵当権消滅請求と異なり、元本の確定後に請求できる権利であり、かつ請求権者が不動産の第三取得者に限らないとする根抵当権の消滅請求について、札幌高決平成四年二月二八日[1]は、根抵当権の設定された不動産を取得した第三取得者が、その不動産について競売が開始されて売却許可決定がなされたときに、代金が納付される前に弁済供託をして抵当権消滅請求権の行使を理由に競売開始決定に対する異議申し立てをした場合、弁済供託の額が最低売却価格の三分の一にも満たないもので、しかも供託の時期が抵当権実行の通知を受けてから一年半以上も経過した後であることから、速やかに弁済をする機会がありながら故意又は重過失により大幅に遅れて担保権を消滅させる行為をしているので、執行異議の申立ては信義誠実の原則に反して許されないとした。

第三節　債権編における信義誠実の原則

受領遅滞と信義誠実の原則

民法四一三条一項

「債権者が債務の履行を受けることを拒み、又は受けることができない場合において、その債務の目的が特定物の引渡しであるときは、債務者は、履行の提供をした時からその引渡しをするまで、自己の財産に対するのと同一の注意をもって、その物を保存すれば足りる。」

債務者が債務の本旨に従った履行の提供をしたにもかかわらず、債権者がその受領を拒み、または受領することができないという受領遅滞について、最判昭和四六年一二月一六日[2]は、硫黄鉱区で鉱石を採掘して継続的に買い取るという契約が締結されたが、売主が買主からの出荷中止の要請を受けて採掘を中止し、採掘分を集積して出荷の準備をするなど、履行の準備に相当の努力を費やしていたにもかかわらず、買主が一方的に鉱石の引取を拒否したときには、信義誠実の原則に従い買主には引取義務があるとした。

1　判例タイムズ八〇六号二一六頁。
2　民集二五巻九号一四七二頁。

債務不履行と信義誠実の原則

民法四一五条一項

「債務者がその債務の本旨に従った履行をしないとき又は債務の履行が不能であるときは、債権者は、これによって生じた損害の賠償を請求することができる。ただし、その債務の不履行が契約その他の債務の発生原因及び取引上の社会通念に照らして債務者の責めに帰することができない事由によるものであるときは、この限りでない。」

債務が履行されないときの損害賠償に関する規定であるが、大阪地判平成二年一〇月一二日[1]は、びわこ銀行が取引先から支払手形決済資金調達のための手形割引の申込みを受けた場合に、その手形割引の実行準備段階においては不渡りを阻止するのに協力すべきという信義誠実の原則に基づいた義務があるとして、その違反を理由に銀行側に損害賠償を命じた。最判平成三年一〇月一七日[2]は、建物賃貸人の失火によって賃借人が保管していた衣類品などが焼失した場合に、賃貸人は衣類品などの損害について信義誠実の原則に基づいて債務不履行による損害賠償義務を負うとした。

大阪高判平成一八年四月二〇日[3]は、大阪府大東市が平成一四年に制定した改正条例によって保育所を廃止したため、住民らがその廃止処分が違法であるとして損害賠償を請求したときに、大東市には保育所の廃止・民営化に際して保育に当たっていた保育士のうち数名は少なくとも一年間は新保育所に派遣するなどの十分な配慮をすべき信義誠実の原則に基づく義務を負い、実際に行った引継ぎが三カ月に過ぎなかったので大東市は債務不履行による損害賠償義務を負うとした。

債務不履行における過失相殺と信義誠実の原則

民法四一八条
「債務の不履行又はこれによる損害の発生若しくは拡大に関して債権者に過失があったときは、裁判所は、これを考慮して、損害賠償の責任及びその額を定める。」

損害賠償の額を算定する際に債務者側にも過失がある場合にはそれを考慮して賠償責任・賠償額を定めるとするものであるが、札幌高判平成一八年七月二〇日[4]は、心筋梗塞の既往症があり高脂血症にも罹患していた従業員に対して、原則として時間外労働や休日勤務を禁止していたにもかかわらず、使用者が宿泊を伴う研修への参加を命じたために、急性心筋虚血により従業員が死亡した場合において、使用者側が第一審において過失相殺の主張をしない旨を表明していたにもかかわらず、控訴審において過失相殺を主張することは、訴訟上の信義誠実の原則に反するので許されないとした。

損害賠償額の予定と信義誠実の原則

民法四二〇条
「一項　当事者は、債務の不履行について損害賠償の額を予定することができる。
二項　賠償額の予定は、履行の請求又は解除権の行使を妨げない。

1　判例時報一三七六号九一頁。
2　判例タイムズ七七二号一三一頁。
3　判例地方自治二八二号五五頁。
4　労働判例九二二号五頁。

三項　違約金は、賠償額の予定と推定する。」

損害の有無や実際の損害額にかかわらず、債務者に予定の賠償額を支払わせることで、損害の証明の難しさや煩雑さを避け、簡易迅速な損害賠償請求を可能とする規定であるが、福岡高判平成二〇年三月二八日[1]は、マンションの売買で違約金の特約が損害賠償額の予定であるとしても、特約の内容が当事者にとって著しく苛酷であったり、損害賠償の額が不当に過大である場合には、公序良俗に反し、または公序良俗に反しないまでも、信義誠実の原則によりその特約の一部を無効としてその額を減額することができるとした。

債権者代位権と信義誠実の原則

民法四二三条一項

「債権者は、自己の債権を保全するため必要があるときは、債務者に属する権利を行使することができる。ただし、債務者の一身に専属する権利及び差押えを禁じられた権利は、この限りでない。」

債権者が自らの債権を保全するために、裁判所の手続きや債務者からの許可がなくても、債務者の有する権利を債権者が代わりに行使することができるとするものであるが、大判昭和一二年三月一三日[2]は、借地上の建物の競落人に対して、競落前に建物を所有していた土地賃借人が、競落人に土地の賃借権がないことを理由に、土地所有者が有する土地の明渡請求権を代位行使することは信義誠実の原則に反するとした。

保証人の責任と信義誠実の原則

民法四四六条一項

「保証人は、主たる債務者がその債務を履行しないときに、その履行をする責任を負う。」

民法四四八条一項

「保証人の負担が債務の目的又は態様において主たる債務より重いときは、これを主たる債務の限度に減縮する。」

保証人の責任と信義誠実の原則をめぐっては多くの裁判例がある。例えば、大判昭和七年一二月一七日[3]では、将来の債務に対する期間の定めのない保証契約を締結した保証人は、信義誠実の原則に基づいて相当期間が経過すれば解除の意思表示によって保証の責任を免れるとした。大判昭和八年四月六日[4]は、建物の賃借人が賃料を滞納して相当期間が経過しているにもかかわらず、依然として賃貸借契約を解除しなかった賃貸人に対して、賃借人の保証人となった者は信義誠実の原則により保証契約を解除できるとした。大判昭和一四年四月一二日[5]でも、賃貸借期間の定めのない賃貸借契約が成立した後に、賃借人が継続して賃料を滞納していたにもかかわらず、賃貸借契約を解除しないどころか賃貸人が賃借人の家賃保証人に対してその事実を告知することなく、多額の滞納賃料の支払を求めた場合、賃貸人が保証人に対してその責任を免れることができないと主張することは信義誠実の原則に反するとした。大判昭和八年九月二九日[6]は、保証人が債権者に対して抵当権を実行すべきだと催告をしたのに、債権者がそのまま放置していたために抵当物件の価格が下落して、債務の全額を支払うことができなくなった場合、債権者に信義誠実の原則に反する態度があったことを理由に、保証人が被った不利益の限度において責任を免れるとした。

1　判例時報二〇二四号三二頁。
2　大審院判決全集四輯七号一八頁。
3　民集一一巻二三三四頁。
4　民集一二巻七九一頁。
5　民集一八巻三五〇頁。
6　民集一二巻二四四三頁。

逆に東京地判平成一三年三月二三日[1]は、あさひ銀行から融資を受けた者の債務を保証する際に「期限の利益を喪失した日の翌日から起算して一年を経過した場合には、保証人は履行責任を免れる」との特約をしていた場合、債権差押えにより期限の利益を喪失し、その後一年を経過していたとしても、その債権差押えが取り下げられ、当事者双方が差押えによる期限の利益の喪失はないと了解した上での行動をとっていたときは、保証人が保証債務の免責を主張することは禁反言ないし信義誠実の原則に反し許されないとした。

連帯保証と信義誠実の原則

民法四五四条

「保証人は、主たる債務者と連帯して債務を負担したときは、前二条の権利を有しない。」

保証人と異なり、連帯保証人には催告の抗弁権と検索の抗弁権が認められないとするものであるが、最判昭和四一年一一月一八日[2]は、他人の代理人と称して、金銭消費貸借契約を締結するとともに、自らその他人のために連帯保証人となった者が、債権者から連帯保証債務の履行を求められたときに、無権代理であることを主張して連帯保証契約が成立していないとして責任を免れようとすることは、信義誠実の原則に反し許されないとした。

また、東京高判平成一一年一一月二九日[3]は、会社の代表取締役が、不明瞭な決算処理を行い、債務を膨らませて会社を倒産させた場合、取締役自身が連帯保証人の一人として会社の債務を弁済したからといって、会社の危機的な状況を知らされないまま物上保証及び連帯保証をした第三者とその相続人に対して求償権を行使することは信義誠実の原則に反し、権利の濫用として認められないとした。

委託を受けた保証人の求償権と信義誠実の原則

民法四五九条一項
「保証人が主たる債務者の委託を受けて保証をした場合において、主たる債務者に代わって弁済その他自己の財産をもって債務を消滅させる行為をしたときは、その保証人は、主たる債務者に対し、そのために支出した財産の額（その財産の額がその債務の消滅行為によって消滅した主たる債務の額を超える場合にあっては、その消滅した額）の求償権を有する。」

保証人が弁済した場合には、保証人は主たる債務に対して求償権を取得するというものであるが、東京高判平成一一年五月二五日[4]は、委託を受けて連帯保証をした信用保証協会は、主たる債務者のために債権者に対して主たる債務の消滅時効を援用する善管注意義務を負っており、その保証委託契約において連帯保証人による弁済にあたって事前の通知義務を免除する特約があったとしても、連帯保証人が容易に判断して行使できる消滅時効等の抗弁を債権者に対して主張する責務を軽減する効果はないので、この善管注意義務を怠って主たる債務者の債権者に対する消滅時効の抗弁権を援用しなかった場合には、信義誠実の原則に基づいて代位弁済よる求償権を行使することができないとした。

1　金融法務事情一六三四号七七頁。
2　民集二〇巻九号一八四五頁。
3　判例タイムズ一〇四七号二〇七頁。
4　金融・商事判例一〇七八号三三頁。

個人根保証契約と信義誠実の原則

保証期間及び限度額を定めない包括根保証契約について法律上の制限がなかった時代においては、信義誠実の原則によってその責任が制限されていた。例えば東京地判平成一二年九月八日[1]や東京高判平成一四年一月二三日[2]、東京地判平成一七年一〇月三一日[3]では、保証期間及び限度額の定めなき包括根保証契約にあっては、契約締結に至る事情、当該取引業界の一般的慣行、債権者と主たる債務者の具体的な取引態様及び経緯、債権確保に関する債権者の注意の程度など一切の事情を斟酌し、信義誠実の原則に基づき、保証人の責任を合理的な範囲に限定すべきであるとされていた。

改正民法では次のように、個人根保証契約では極度額を定めなければ契約が無効になると定められている。

民法四六五条の二第二項

「個人根保証契約は、前項に規定する極度額を定めなければ、その効力を生じない。」

また、最判昭和四八年三月一日[4]では、期間の定めのない根保証契約が締結されていたところ、主たる債務者である第一土木工業株式会社の経営状況が悪化し、その債務者が所有する担保物件も他人に売却され、そのことを債権者である勝山信用金庫が知ることができる状態にあったにもかかわらず、保証人に意向を確認することもなく債務者に対して新たな貸付をしたなどの事情がある場合には、その金庫が保証債務の履行を求めるのは信義誠実の原則に反し権利の濫用であって許されないとした。

債権譲渡の対抗要件と信義誠実の原則

民法四六七条一項

「債権の譲渡（現に発生していない債権の譲渡を含む。）は、譲渡人が債務者に通知をし、又は債務者が承諾をしなければ、債務者その他の第三者に対抗することができない。」

債権譲渡の対抗要件に関して東京地判平成一七年六月七日[5]は、債権譲渡通知を受領してから長期間が経過し、訴訟の段階になって債権譲渡通知書の名宛人の記載が主たる債務者ではなく連帯保証人の氏名が記載されているという形式的な点だけを問題として対抗要件の不備を主張することは、信義誠実の原則に反するので許されないとした。

受領権者としての外観を有する者に対する弁済と信義誠実の原則[6]

民法四七八条

「受領権者（債権者及び法令の規定又は当事者の意思表示によって弁済を受領する権限を付与された第三者をいう。以下同じ。）以外の者であって取引上の社会通念に照らして受領権者としての外観を有するものに対してした弁済は、その弁済をした者が善意であり、かつ、過失がなかったときに限り、その効力を有する。」

債権者を装う者に対して債務者がなした善意無過失の弁済を有効とするものであるが、最判平成一六年一〇月二六日[7]は、被相続人の預金債権を共同相続した相続人の一人が無権限で払戻しを受けて取得したため、他の相続

1　金融法務事情一六〇八号四七頁。
2　判例時報一七八八号四三頁。
3　金融法務事情一七六七号三七頁。
4　金融法務事情六七九号三五頁。
5　判例時報一九二二号九二頁。
6　拙稿「無権限弁済受領者による損害の不発生の主張と信義誠実の原則」法律時報八四巻五号（二〇一二年）一五〇頁以下も参照。
7　判例タイムズ一一六九号一五五頁。

人が不当利得返還請求をして自己の相続分相当額の支払を求めたところ、無権限の弁済受領者が預金の払戻しを行った金融機関に過失があるため、自らが受けた払戻しが無効であると主張することは信義誠実の原則に反して許されないとした。また、最判平成二三年二月一八日[1]では、簡易生命保険契約の保険金受取人が無断で保険金等の支払を受けた者に対して不法行為を理由に損害賠償を請求したときに、無断で払戻しを受けた者が損害の発生を否認して損害賠償請求を争うことが信義誠実の原則に反し許されないとされた。

代物弁済と信義誠実の原則

民法四八二条

「弁済をすることができる者が、債権者との間で、債務者の負担した給付に代えて他の給付をすることにより債務を消滅させる旨の契約をした場合において、その弁済者が当該他の給付をしたときは、その給付は、弁済と同一の効力を有する。」

債務者が債権者の承諾を得て、負担した給付に代えて他の給付をしたとき（例えば現金の代わりに絵画で返済するなど）は弁済と同一の効力があるとするものであるが、最判昭和四〇年一二月二一日[2]は、債権者が代物弁済契約に基づいて債務者から立木の所有権を取得したことを理由に、立木についての伐採搬出を許可する旨の仮処分命令を得て伐採搬出したが、この代物弁済契約が臨時物資需給調整法に基づく木炭需給調整規則に反して無効であり債権者が立木の所有権を取得できないとしても、この代物弁済契約が債務者の懇意により、債務者の窮状を救うためになされたものであり、債権者からかなりの融資を引き出しておきながら、債務者が債権者に出荷した立木が約定数の三分の一にも満たない一方で、第三者に大量の木炭を出荷していたなどの事情がある場合には、債務者が債権者に対して立木の不法伐採搬出を理由として損害賠償を求めるのは信義誠実の原則に反し権利濫用であるとした。

弁済の場所と信義誠実の原則

民法四八四条一項

「弁済をすべき場所について別段の意思表示がないときは、特定物の引渡しは債権発生の時にその物が存在した場所において、その他の弁済は債権者の現在の住所において、それぞれしなければならない。」

弁済の場所について契約で定めるとそれに従うとするものであるが、大判大正一四年一二月三日[3]は、大豆かすを深川所在の倉庫で引渡し、代金を支払うという内容の売買契約が締結されたが、売主が深川のどこの倉庫で引き渡すのかを特定して通知することをせずに代金を請求した場合、買主からの弁済の場所がわからないという主張に対して信義誠実の原則に基づき売主に問い合わせることで場所を特定することができたので、買主は履行の提供をしたということはできないとした。

また大判昭和九年二月一九日[4]では、売買契約において売主が履行の場所を指定して買主が船を回して引渡しを受ける予定だったが、売主が履行場所を指定しなかった場合には、信義誠実の原則により買主による解除の催告が有効とされた。

1　判例タイムズ一三四四号一〇五頁。
2　民集一九巻九号二二一二頁。
3　民集四巻六八五頁。
4　民集一三巻一五〇頁。

弁済の提供と信義誠実の原則

民法四九三条

「弁済の提供は、債務の本旨に従って現実にしなければならない。ただし、債権者があらかじめその受領を拒み、又は債務の履行について債権者の行為を要するときは、弁済の準備をしたことを通知してその受領の催告をすれば足りる。」

弁済の提供については原則として現実に行う必要があるとするものであるが、大判昭和一二年九月二八日[1]は、賃貸人が契約解除を前提に催告していた賃貸料が後に確定した賃料に比べて著しく過大であったとしても、賃借人が真実の賃料に相当する金額を信義誠実の原則に従って提供すべきところを怠っていたので、契約解除の無効を主張できないとした。

また東京区判昭和一五年九月一四日[2]は、賃借人が数回にわたって賃貸人のところに賃貸料を持参したが、不在で支払いができなかったにもかかわらず、賃貸人が債務不履行を理由に契約を解除することが信義誠実の原則に反するとした。札幌高判昭和三〇年一月二〇日[3]は、賃借人が賃料について弁済の提供をしたにもかかわらず、賃貸人がその受領を拒絶し、その後に何度も提供したとしても受領が拒絶されることが明白で口頭の提供が無駄となる場合には、信義誠実の原則により賃借人はその後の賃料債務について履行遅滞の責任を負わないとした。

最判昭和四三年八月二日②[4]は、賃料の取立払いを定めた不動産賃貸借契約において、賃貸人が再三にわたって取立に出向いても賃借人が支払いに協力しなかったので、仕方なく賃貸人が賃借人に賃料を持参して支払うよう催告をした上で賃貸借契約を解除した場合、催告を受けた賃借人は信義誠実の原則に従って弁済のために自ら成し得る行為として、催告期間内に催告にかかる金額を準備し、少なくとも賃貸人にその旨の通知をして取立を促すなどの措置に出るべきだったので、賃貸人による解除権の行使を有効とした。最判昭和四七年一月二〇日[5]も、取立払いの定めのある土地賃貸借契約において、賃貸人が賃料の支払を受けるためにあらゆる手段を講じていたのに、賃借人が対応せずに一年七カ月分の賃料を滞納したので解除の催告をした場合に、賃借人が催告された金額を準備し賃貸人にその旨を通知して取立を促すなどの信義誠実の原則に従った措置をとらなかったときは、賃貸人が取立に行かなくても解除権を行使できるとした。

供託と信義誠実の原則

民法四九四条一項

「弁済者は、次に掲げる場合には、債権者のために弁済の目的物を供託することができる。この場合においては、弁済者が供託をした時に、その債権は、消滅する。

一　弁済の提供をした場合において、債権者がその受領を拒んだとき。

二　債権者が弁済を受領することができないとき。」

民法四九六条

「債権者が供託を受諾せず、又は供託を有効と宣告した判決が確定しない間は、弁済者は、供託物を取り戻すことができる。この場合においては、供託をしなかったものとみなす。」

1　法律新聞四一九六号一七頁。
2　法律新聞四六三〇号一四頁。
3　高裁民集八巻一号二七頁。
4　判例時報五三四号四七頁。
5　判例時報六五九号五五頁。

金銭またはその他の物品を供託所（法務局）に寄託することで債務を消滅させることができるとする規定であるが、横浜地判昭和六三年四月二二日[1]は、債務者は、債権者に受領を拒絶する意思があったとしても信義誠実の原則に基づいて、できるかぎり債権者に受領を可能にさせる方法で現実または口頭の提供をするように努めなければならず、これを行わずに弁済供託をしたとしても債務消滅の効果は生じないとした。

また東京地判平成六年一月二六日[2]は、賃料の不払いがあると以後高額の違約損害金を支払うべき約定がある賃貸借契約において、賃借人が賃貸人の銀行口座に管理費を振り込んだものの入金されずに賃借人の銀行口座に戻されたことから、賃貸人が取引銀行に受領拒絶の依頼をしていたと推認でき、賃借人による弁済供託はその効力を有していると考えられるため、賃貸人による賃借人が有する供託金取戻請求権の差押命令及び転付命令の取得は、賃料及び管理費の受領を拒んだ賃貸人自身によるものであるから、これによって弁済の効力が失われるものと解するのは、信義誠実の原則に反するとした。

東京地判平成一一年七月三〇日[3]は、別件訴訟において賃料の不払いを理由に土地の賃貸借契約を無催告解除したと賃貸人が主張し、賃借人に対して建物収去と土地の明渡し、未払い賃料の支払を求めたところ、賃借人の債権者である東京相和銀行がその別件訴訟に補助参加人として参加し、賃借人のために賃料を弁済供託することで、第一審で契約解除が有効であるとされたものの弁済供託により債務が消滅したので未払賃料の支払請求が棄却されたことをうけ、控訴審の弁論終結直後に銀行が供託金を取戻したという行為は、供託金の還付を受けることができるとの賃貸人の信頼を裏切るものであり、訴訟上の信義誠実の原則に反するとした。

債権者による担保の喪失と信義誠実の原則

民法五〇四条一項

「弁済をするについて正当な利益を有する者（以下この項において「代位権者」という。）がある場合において、債権者が故意又は過失によってその担保を喪失し、又は減少させたときは、その代位権者は、代位をするに当たって担保の喪失又は減少によって償還を受けることができなくなる限度において、その責任を免れる。その代位権者が物上保証人である場合において、その代位権者から担保の目的となっている財産を譲り受けた第三者及びその特定承継人についても、同様とする。」

債権者が故意過失により担保を喪失・減少させた場合には、代位権者はその部分の責任を免れるとするものであるが、大判昭和一〇年一二月二八日[4]は、抵当権者である今出銀行が自ら担保物の価格の減少を招いたにもかかわらず、債務者の保証人に重い責任を課そうとするのは信義誠実の原則に反するとした。

また東京高判昭和五四年三月二六日[5]は、小川漁業協同組合が漁船を担保としてお金を貸し付け、その債務の保証人の同意を得ることなく抵当権を解除して、弁済を受けられなくなったにもかかわらず、債権者担保保存義務免除特約を盾に保証人の責任を追及することは信義誠実の原則に反し許されないとした。

1　判例時報一二九六号一一〇頁。
2　判例タイムズ八五三号二七三頁。
3　金融法務事情一五九一号六七頁。
4　民集一四巻二一八三頁。
5　判例タイムズ三八八号八〇頁。

相殺と信義誠実の原則[1]

民法五〇六条一項
「相殺は、当事者の一方から相手方に対する意思表示によってする。この場合において、その意思表示には、条件又は期限を付することができない。」

ある同種の債務を負担する二人が互いに対当額で債務を消滅させる旨の意思表示をするという相殺制度について、神戸地判平成一五年七月二五日[2]は、裁判の途中において、敗訴判決を免れるために第三者から譲り受けた債権を自働債権として相殺の抗弁を主張することは、相殺制度の趣旨を逸脱してなされたものであり、信義誠実の原則に反し権利の濫用として認められないとした。

更改と信義誠実の原則

民法五一三条
「当事者が従前の債務に代えて、新たな債務であって次に掲げるものを発生させる契約をしたときは、従前の債務は、更改によって消滅する。
一　従前の給付の内容について重要な変更をするもの
二　従前の債務者が第三者と交替するもの
三　従前の債権者が第三者と交替するもの」

既存の債務を消滅させ、これに代わる新しい債務を成立させるという更改契約について、東京地判平成三年三月二二日[3]は、譲渡人と譲受人との間で農地の買主の地位を売却するという契約において（農地の前所有者と譲渡人との契約はすべて履行が終了したことにより消滅し新たな契約が締結されたと認定）、当事者の一方が無催告で即時解除できる旨の条項があったとしても、譲受人の債務不履行の金額が総額の五％にすぎず、契約全体として目的を達しなくなるような事情はなく、またどんな些細な違約があろうと直ちに全体を解除できるというほどに強い効力を持たせる趣旨で規定されているとは解することができないから、譲渡人が代金未払を理由に譲渡契約の全部を解除することは信義誠実の原則に基づき認め難いとした。

契約の成立と信義誠実の原則

民法五二二条一項

「契約は、契約の内容を示してその締結を申し入れる意思表示に対して相手方が承諾をしたときに成立する。」

契約の成立には当事者の意思の合致を必要とするという規定であるが、福岡高判昭和四七年一月一七日[4]は、農地の売買に際して知事の許可がないまま契約が締結され、後に許可を得られないことを理由に合意解除されたときに、以前に売主が買主の申入れに基づいてイグサを刈るなどして損害を被っていた場合、契約準備段階に入った当事者間に生ずる信義誠実の原則に基づく義務違反を理由に、その損害の賠償を認めた。

また最判昭和五九年九月一八日[5]も、契約交渉の末に契約準備段階に入った者は、一般市民間における関係と異なり、信義誠実の原則が支配する密接な関係にたち、後に契約が締結されたか否かを問わず、相互に相手方の人

1　拙稿「信義誠実に反し権利濫用に当たる相殺権の行使—名古屋高裁平成一七年三月一七日判決を素材として—」帝塚山法学二三号（二〇一二年）二八〇頁以下も参照。
2　判例時報一八四三号一三〇頁。
3　判例タイムズ七六五号二一二頁。
4　下民集二三巻一〜四号一頁。
5　判例タイムズ五四二号二〇〇頁。

格、財産を害しない信義誠実の原則に基づいた義務を負うべきで、これに違反して相手方に損害を及ぼした時は、契約締結に至らない場合でも損害賠償責任を負うとした。以後、最判平成一八年九月四日[1]は、私立大学の研究教育施設用建物の建築について選定された施工業者と請負契約が締結できると期待して準備作業を開始した下請業者に対して、大学が下請業者の支出費用を補てんすることなどの代償的措置を講ずることなく施工計画を中止することが信義誠実の原則に反し不法行為になるとし、最判平成一九年二月二七日[2]はアメリカのカジノで普及している「パイゴウ（牌九）」というゲーム機の開発を打診された会社が開発に着手したにもかかわらず契約締結に至らなかった場合において、契約準備段階における信義誠実の原則に基づく注意義務違反を理由にゲーム機開発会社に対して損害賠償責任を負うとした。

また東京高判平成二〇年一月三一日[3]も、賃貸借契約の成立を予定して交渉が続けられ、賃貸人側が契約の成立を強く期待することに相当の理由があり、賃借人側に契約準備段階における信義誠実の原則に基づく注意義務違反があるときは、賃借人はこれによって賃貸人に生じた損害を賠償する責任があるとした。最判平成二三年四月二二日[4]は、信用協同組合が出資の勧誘をする際に、信義誠実の原則に基づいて相手方に対してその組合が実質的に債務超過状態にあり経営が破たんするおそれがあるということについて説明すべき義務があったにもかかわらず、それに違反した場合には不法行為上の損害賠償責任を負うが、債務不履行上の損害賠償責任を負わないとした。最判平成二四年一一月二七日[5]は、大口の資金調達を必要とするときに複数の金融機関が貸付人となるシンジケート・ローンにおいて、借主の指名により契約の締結までの業務を代表して行うアレンジャーとされた金融機関は、信義誠実の原則に基づき他の金融機関に対して、借主に粉飾決算の疑惑があったことなどの情報を提供する義務を負うとした。

契約解釈の基準としての信義誠実の原則

民法には契約解釈に関する明文の規定はないが、最判昭和三二年七月五日[6]は、契約中に、差押登記が抹消された場合には遅滞なく二〇万円を支払い、直ちに所有権移転登記をすることを確約する旨の文言があった場合、これを信義誠実の原則によって判断すると、差押の解除を速やかに受けなければならないことを強調したものであり、差押解除があるまで永久に所有権移転登記手続をしない旨を約したものではないと解するのが相当であるとした。

承諾期間の定めのある申込みと信義誠実の原則

民法五二三条二項

「申込者が前項の申込みに対して同項の期間内に承諾の通知を受けなかったときは、その申込みは、その効力を失う。」

契約の申込みに対して承諾の期間の定めがある場合、承諾期間内に承諾がなければ、申込みは効力を失うとするものであるが、東京地判平成一八年三月二七日[7]は、対話者間の契約の申込みは、後日改めて承諾するか否かの

1　判例タイムズ一二二三号一三一頁。
2　判例タイムズ一二三七号一七〇頁。
3　金融・商事判例一二八七号二八頁。
4　民集六五巻三号一四〇五頁。
5　判例タイムズ一三八四号一一二頁。
6　民集一一巻七号一一九三頁。
7　労働経済判例速報一九三四号一九頁。

返答をする旨の合意があるなどの特別の事情がない限り、原則として、対話が終了するまでの間に承諾することができるものと解されるが、申込みの内容が重大な案件であり、承諾する側が熟慮を要するような場合には、信義誠実の原則に基づき、承諾するか否かを考慮するのに必要な相当期間内に承諾すれば、申込みに対応した合意が成立するというべきであるとした。

同時履行の抗弁権と信義誠実の原則

民法五三三条

「双務契約の当事者の一方は、相手方がその債務の履行（債務の履行に代わる損害賠償の債務の履行を含む。）を提供するまでは、自己の債務の履行を拒むことができる。ただし、相手方の債務が弁済期にないときは、この限りでない。」

契約の当事者の一方が履行の請求を受けた場合でも、相手方の履行の提供までは自己の履行を拒絶できるという規定であるが、大判昭和一三年六月二九日[1]は、賃貸人が家屋の雨漏りや破損した畳の修理を怠っていたとしても、それが家屋の使用収益に著しい障害を与えない限りは、取引上の信義誠実の原則に従い、賃借人は同時履行の抗弁権を援用して家賃全額の支払いを拒むことができないとした。大判昭和一四年一〇月一一日[2]でも、家屋の敷地の排水不良等の不具合についても使用収益が不能となっているわけではないので信義誠実の原則に基づき同時履行の抗弁により賃料全額の支払いを拒むことができないとした。

また、大阪地判昭和五九年九月二七日[3]、東京地判平成元年一月三〇日[4]、及び東京地判平成二年八月二八日[5]は、複数の企業間で互いに通謀して商品を書類上だけで売買・転売などを繰り返すことで架空の売上高を計上する循環取引においては、中間者間に目的物の引渡しという観念がないため中間の買主が売主からの代金支払い請求に対して目的物の引渡しがないことを理由に同時履行の抗弁権を主張することは信義誠実の原則に反し許されないとした。

さらに、東京地判平成二年一二月二〇日[6]は、ベビー用品の継続的供給契約において、売主が商品を出荷したとしてもその代金を回収できないことを懸念するのに足りる合理的な理由があり、かつ代金の支払を確保するために担保の供与を求めたにもかかわらず買主がこれに応じなかった場合、取引上の信義誠実の原則と公平の原則に照らして売主は出荷を拒絶することができるとした。最判平成二一年七月一七日[7]は、自動車の売買が行われ、後に自動車の車台の接合等により複数の車台番号を有することが判明したことから買主が錯誤を理由に売主に売買代金の返還を求めたときに、買主から売主への移転登録手続が困難を伴うという事情があることから、売主が買主に対して移転登録手続との同時履行を主張することは信義誠実の原則により許されないとした。

催告による解除と信義誠実の原則

民法五四〇条

「契約又は法律の規定により当事者の一方が解除権を有するときは、その解除は、相手方に対する意思表示によ

1　大審院判決全集五輯一四号二〇頁。
2　大審院判決全集六輯三〇号一八頁。
3　判例時報一一七四号一〇五頁。
4　判例タイムズ七一四号二〇一頁。
5　金融・商事判例八七三号三六頁。
6　判例タイムズ七五七号二〇二頁。
7　判例タイムズ一三〇七号一一三頁。

ってする。」

民法五四一条

「当事者の一方がその債務を履行しない場合において、相手方が相当の期間を定めてその履行の催告をし、その期間内に履行がないときは、相手方は、契約の解除をすることができる。ただし、その期間を経過した時における債務の不履行がその契約及び取引上の社会通念に照らして軽微であるときは、この限りでない。」

この「相当の期間」を判断するにあたって大判大正一三年七月一五日[1]は、信義誠実の原則に基づいた解釈を行うべきであるとしている。

また、新潟地長岡支判昭和一二年一一月三〇日[2]は、田畑の作柄不良のため小作人が地主に対して小作料減免の請求をして、小作料改定の調停が進行しているときに、地主が一〇日以内に小作料を支払うように催告して契約を解除した場合、信義誠実の原則に基づきその猶予期間が短すぎるとして契約解除を無効とした。

さらに東京高判昭和五八年一月三一日[3]は、不動産売買契約において契約違反があれば無催告で即時に解除できる旨の特約があったとしても、売主が仲介者から住宅ローン手続が多少遅れることがありうるとの説明に対して仕方がないと答えていたり、支払期日の一週間前に仲介者からまだローンが下りてこないので待ってほしいとの申し入れに対して拒絶の意思を示さなかったりしたことから、買主は期限の猶予を得たものと考えるであろうから、売主が買主の履行遅滞を理由として何らの催告をすることなく売買契約を解除することは信義誠実の原則に基づき許されないとした。

定型約款の合意と信義誠実の原則

民法五四八条の二第一項

「定型取引（ある特定の者が不特定多数の者を相手方として行う取引であって、その内容の全部又は一部が画一的であることがその双方にとって合理的なものをいう。以下同じ。）を行うことの合意をした者は、次に掲げる場合には、定型取引において、契約の内容とすることを目的としてその特定の者により準備された条項の総体をいう。以下同じ。）の個別の条項についても合意をしたものとみなす。
一　定型約款を契約の内容とする旨の合意をしたとき。
二　定型約款を準備した者があらかじめその定型約款を契約の内容とする旨を相手方に表示していたとき。」

特定の者によって表示された定型約款に合意したときに、当事者は約款の個別条項についても合意したとみなされるというものであるが、最判平成一三年三月二七日[4]は、加入電話の利用に係る通話料債務を電話加入契約者が負う旨を定めた約款について、加入電話契約者の承諾なくその未成年の子がダイヤルQ２を利用したことに係る通話料についても、約款に基づく通話料請求が認められるとした上で、ＮＴＴがダイヤルＱ２サービスの内容やその危険性等の周知及びこれに対する対策の実施が不十分であったので、利用者にその債務の全部を負担させることは信義誠実の原則に照らして是認し難いので、債務は五割に縮減されるとした。

1　民集三巻三六二頁。
2　法律新聞四二二五号三頁。
3　判例タイムズ四九一号六五頁。
4　民集五五巻二号四三四頁。

定型約款の規制と信義誠実の原則

既に、大阪高判平成八年一月二三日[1]が、消費貸借契約において返済期限前に完済する場合にも未経過期間の利息支払い義務が生じる早期完済特約が付されていても、借主が同特約の存在に気づいていないにもかかわらず、貸主が説明をしていないこと、支払額が出資法の最高限度額を超える過大な利率となることなどを総合勘案すると、同特約は信義誠実の原則に照らして不当な約款であり、公序良俗に反して無効であるとしていたことから、改正民法では次のような規定が設けられた。

民法五四八条の二第二項

「前項の規定にかかわらず、同項の条項のうち、相手方の権利を制限し、又は相手方の義務を加重する条項であって、その定型取引の態様及びその実情並びに取引上の社会通念に照らして第一条第二項に規定する基本原則に反して相手方の利益を一方的に害すると認められるものについては、合意をしなかったものとみなす。」

贈与契約と信義誠実の原則

民法五四九条

「贈与は、当事者の一方がある財産を無償で相手方に与える意思を表示し、相手方が受諾をすることによって、その効力を生ずる。」

民法五五〇条

「書面によらない贈与は、各当事者が解除をすることができる。ただし、履行の終わった部分については、この限りでない。」

通常、タダでお金をあげてしまった場合にはその返還請求ができないが、婚約を合意により解消した場合については結納金の返還を求めることができるとされているところ、奈良地判昭和二九年四月一三日[2]、大阪地判昭和四三年一月二九日[3]、福岡地小倉支判昭和四八年二月二六日[4]及び東京高判昭和五七年四月二七日[5]は、正当な理由もなく婚約を解消した者が結納金の返還を求めることは信義誠実の原則に著しく反するとした。

また恩知らず（忘恩行為）を理由に贈与の取り消しを認めるものとして、大阪地判平成元年四月二〇日[6]は、自分の娘の旦那が歯科医師を目指して大学に入学したので、将来歯科医師になれば娘を幸せにしてくれると期待して、娘の父親が娘の旦那に対して約七五八万円を贈与していたにもかかわらず、娘の旦那が歯科医師試験に合格するや不貞の事実を明らかにして離婚を申し出るような裏切り行為をした場合に、信義誠実の原則に従い贈与の効果をそのまま存続させることが不当と認められるときには贈与の取消しができるとした。同様に、新潟地判昭和四六年一一月一二日[7]は、養親が将来にわたって自らを扶養してくれることを期待して養子に土地を贈与したが、養親子としての実質がまったく形成されないまま縁組が破綻した場合、贈与の効果をそのまま維持存続させることが信義誠実の原則に従うと不当とされる場合には贈与者による贈与物返還請求を認めるとした。東京高判昭和四六年二月二六日[8]は、男が内縁の妻に書面によらないで土地を贈与した後に死亡し、贈与者を相続した子が贈与した土地の返還を求めることは内縁の妻が二六年にわたって家事及び育児に尽くしてきたことからすると信義誠

1　判例時報一五六九号六二頁。
2　下民集五巻四号四八七頁。
3　判例時報五三〇号五八頁。
4　判例タイムズ二九二号三〇六頁。
5　判例時報一〇四七号八四頁。
6　判例タイムズ七〇五号一七七頁。
7　下民集二二巻一一・一二号一一二二頁。
8　判例タイムズ二六三号二九八頁。

実の原則に反するとした。

さらに東京高判平成一一年九月二二日[1]は、宅地開発を計画した者が東金市や地元水利権者らに対して、宅地開発協力金ないし部落協力金を支払ったが、その後に自らの事情により工事廃止の届出をすることになり、契約目的の不到達が生じた場合に、支払った協力金の返還を求めることは信義誠実の原則に反し許されないとした。

売買契約と信義誠実の原則

民法五五五条
「売買は、当事者の一方がある財産権を相手方に移転することを約し、相手方がこれに対してその代金を支払うことを約することによって、その効力を生ずる。」
不動産売買において、最判昭和三六年五月二六日[2]は、宅地建物取引業者は直接の委託関係はなくても、業者の介入を信頼して取引するに至った第三者に対して信義誠実の原則に基づき、地主でない者と契約を締結しないなど権利者の真偽につき格別に注意する等の業務上の一般的注意義務を負うとした。東京高判平成一三年一二月二六日[3]は、宅地建物取引業者が土地の地盤の軟弱性について知っていた場合には信義誠実の原則に基づいて買主に説明・告知する義務があるとした。東京地判平成一五年五月一六日[4]は、土地の売買契約において、地中に以前の建物一部と思われるコンクリートが残存していたときに、特約により地中埋設物を除去するための費用を買主が負担するとされていたとしても、売主が地中埋設物の存在を知らなかったことにつき悪意と同視すべき重過失があるので、売主が買主に対してその特約を主張することが信義誠実の原則に反するとした。最判平成一七年九月一六日[5]は、マンションの一室の売主のみならず、売主からその販売に関する一切の事務を委託された宅地建物取引業者には、買主に対して防火戸の電源スイッチの位置、操作方法等についても説明すべき信義誠実の原則に基づく義務があるとした。

また岐阜地大垣支判昭和四八年一二月二七日[6]は、お店で買った卵豆腐がサルモネラ菌に汚染されていたため、これを食べた家族のうち娘と姪が死亡したときに、売買契約の売主は、単に目的物を交付するという基本的な給付義務を負っているだけでなく、信義誠実の原則に基づいて、これに付随して、買主の生命・身体・財産上の法益を害しないよう配慮すべき注意義務を負っており、また信義誠実の原則に従いその目的物の使用・消費が合理的に予想される買主の家族や同居者に対してもその義務を負うとした。

福岡高那覇支判昭和五二年一月二一日[7]、新潟地判昭和五三年八月二五日[8]及び東京高判昭和五四年四月一七日[9]は、輸入総代理店が外国製工作機械を販売する際に、短期で資金の回収を図るため資金力のある商社を中間売買人として介入させる取引方法をとっていた場合、輸入総代理店と買主が通謀して買主の工場にある売買目的物と同種の機械を輸入代理店所有と偽り、売買がなされたときは、買主が中間売買人から目的物の引渡しを受けていないことを理由に中間売買人との間の売買契約を解除して代金支払債務を免れることは信義誠実の原則に反し許されないとした。

1　判例タイムズ一〇三八号一八三頁。
2　民集一五巻五号一四四〇頁。
3　判例タイムズ一一一五号一八五頁。
4　判例時報一八四九号五九頁。
5　判例タイムズ一一九二号二五六頁。
6　判例タイムズ三〇七号八七頁。
7　判例時報八六四号一〇一頁。
8　判例タイムズ三七二号一〇四頁。
9　判例タイムズ三八八号一五二頁。

売買における事情変更の原則と信義誠実の原則

契約締結時に前提とされた事情が劇的に変化し、契約どおりに履行すると当事者間の公平に反する結果となる場合について、大阪地判昭和一二年五月二一日[1]は、金本位制停止による日英為替相場に大変動が生じ、築港公債につき二ポイントの八四倍の一六八ポイントを負担せざるを得なくなった場合、信義誠実の原則に基づき妥当な程度の契約内容の改定を求めることができ、それが拒否された場合には契約を解除できるとした。また大判昭和一九年一二月六日[2]は、土地の売買契約締結後に価格統制令の施行によって長期間にわたって履行が延期せざるを得なくなり、当事者がこの長期にわたる不安定な契約の拘束から免れないとするのは信義誠実の原則に反するので、当事者の一方的な意思表示により契約を解除することができるとした。

買戻しと信義誠実の原則

民法五七九条

「不動産の売主は、売買契約と同時にした買戻しの特約により、買主が支払った代金（別段の合意をした場合にあっては、その合意により定めた金額。第五百八十三条第一項において同じ。）及び契約の費用を返還して、売買の解除をすることができる。この場合において、当事者が別段の意思を表示しなかったときは、不動産の果実と代金の利息とは相殺したものとみなす。」

民法五八三条一項

「売主は、第五八〇条に規定する期間内に代金及び契約の費用を提供しなければ、買戻しをすることができない。」

不動産の売買契約と同時に、一定期間経過した後に売主が代金と契約の費用を返還して不動産を取り戻すことができるとするものであるが、大判大正九年一二月一八日[3]は、買戻しの期間内に代金と契約の費用を提供しなければ買戻しができないと民法で明示されているが、売主が提供した代金及び契約の費用に僅かな不足があり、また買主が契約の費用の問い合わせに応じなかったという事情を考慮すると、買主がわずかな不足を口実として買戻しの効力が生じないと主張することは信義誠実の原則に反するとした[4]。

最判昭和四五年四月二一日[5]は、担保目的で買戻特約付売買契約を締結して債務者の土地を取得した債権者が、債務者から支払の申出があったにもかかわらず、理由なく拒絶するなどの不誠実な行為によって債務者の買戻権を消滅させ、土地の所有権を確定的に取得したと主張することは信義誠実の原則に基づき許されないとした。

高知地判平成七年七月一四日[6]は、担保目的で買戻特約付売買契約が締結された場合、社会的最弱者の保護の観点から、提供された不動産の丸取り（全部を取ること）は信義誠実の原則に基づき許されず、不動産価格が融資金額を上回る場合には融資金額との差額を清算すべき義務があるとした。

交換契約と信義誠実の原則

民法五八六条一項

「交換は、当事者が互いに金銭の所有権以外の財産権を移転することを約することによって、その効力を生ずる。」

1　法律新聞四一四六号一四頁。
2　民集二三巻六一三頁。
3　民録二六輯一九四七頁。
4　拙稿「弁済額のわずかな不足と信義誠実の原則」帝塚山法学三一号（二〇二〇年）一二六頁以下も参照。
5　判例時報五九四号六二頁。
6　判例タイムズ九〇二号一〇六頁。

交換契約は当事者間でお金以外の物を交換するという契約であるが、最判昭和四五年三月二六日[1]は、譲渡人と譲受人との間でお互いの土地を交換する契約が締結され、譲渡人の土地が譲受人に譲渡され、さらにその土地が第三者に売却されたが、その後に国税の滞納処分という譲受人の責めに帰すべき事由によって履行不能となり交換契約が解除された場合において、土地の登記名義人が譲渡人のままであったとしても、譲受人および第三取得者が再三にわたって所有権移転登記をするように請求していたときには、譲渡人が第三取得者の登記の欠缺を主張することが信義誠実の原則に反し許されないとした。

消費貸借契約と信義誠実の原則

民法五八七条

「消費貸借は、当事者の一方が種類、品質及び数量の同じ物をもって返還をすることを約して相手方から金銭その他の物を受け取ることによって、その効力を生ずる。」

お金の貸し借りなどに関する規定であるが、大阪高判平成一九年九月二七日[2]は、製造業者が賃貸物件を建築するために土地の一部を売却してその売却代金と賃料収入で借入金の返済を行うという提案をみずほ銀行から受けて、銀行との間で金銭消費貸借契約を締結し、積水ハウスと建築工事請負契約を締結したが、土地の一部を売却してしまうと建築確認が受けられないにもかかわらず、その旨の説明を銀行及び建設会社が怠っていたときは、それぞれが締結した契約の付随義務として存在する信義誠実の原則に基づく説明義務違反を理由に銀行と請負業者は損害賠償義務を負うとした。

東京地判平成元年一〇月二五日[3]は、看護師の資格取得後に二年以上にわたって医療法人社団仁愛会に常勤しないときには直ちに返還するという条件で、准看護学校の学生に授業料の資金約五二万円が貸し付けられていたときに、准看護師の資格取得後にさらに看護専門学校に就学して常勤できずに退職したので、法人が准看護師に資金の返還を求めた場合、その准看護師が準夜勤及び深夜勤については通常の勤務を二年間継続した事実を考慮すると、返還義務の範囲は信義誠実の原則に基づき五二万円のうち約六割である三一万円であるとした。

また最判平成一七年七月一九日[4]は、貸金業者が債務者から取引履歴の開示を求められた場合には、その開示要求が濫用にあたるとの特段の事情がない限り、貸金業の規制等に関する法律の適用を受ける金銭消費貸借契約の付随義務として、信義誠実の原則に従い、その業務に関する帳簿に基づいて取引履歴を開示する義務を負うとした。

使用貸借契約と信義誠実の原則

民法五九三条

「使用貸借は、当事者の一方がある物を引き渡すことを約し、相手方がその受け取った物について無償で使用及び収益をして契約が終了したときに返還をすることを約することによって、その効力を生ずる。」

無償で他人の物を借りて使用収益する契約について、東京高判昭和六一年五月二八日[5]は、借地人が長年にわたって母及び知的障害のある兄の生活の面倒をみてきたことの対価として、兄所有の土地について生涯にわたる使用借地権が認められていたが、兄から土地を相続した他の兄弟がそれぞれ第三者に持分を贈与したことによって

1　判例時報五九一号五七頁。
2　金融・商事判例一二八三号四二頁。
3　判例時報一三五一号六四頁。
4　民集五九巻六号一七八三頁。
5　判例時報一一九四号七九頁。

使用貸借は終了するものの、受贈者が贈与者の一親等血族者であり、かつ兄弟間の土地をめぐる紛争についてよく知っていた上で持分を取得した場合には、所有者が変更したことを理由に使用貸借の終了を主張して借地人に対して明渡しを請求するのは信義誠実の原則に反し権利の濫用であるとした。

賃貸借契約と信義誠実の原則

民法六〇一条

「賃貸借は、当事者の一方がある物の使用及び収益を相手方にさせることを約し、相手方がこれに対してその賃料を支払うこと及び引渡しを受けた物を契約が終了したときに返還することを約することによって、その効力を生ずる。」

民法六二〇条

「賃貸借の解除をした場合には、その解除は、将来に向かってのみその効力を生ずる。この場合においては、損害賠償の請求を妨げない。」

有償で他人の物を借りて使用収益する契約の解除について、高松地判昭和一五年一〇月二九日[1]は、期限の定めのない賃貸借において、かなり荒廃していた家屋を修繕して店舗に改装し、雑貨屋の経営が軌道に乗った矢先に賃貸人が賃貸借契約の解除を申し入れることは信義誠実の原則に反するとした。

甲府地判昭和七年五月六日[2]は、長年にわたって賃貸借契約を継続してきたにもかかわらず、賃借人がたったの一回だけ賃料を滞納したことを理由に契約を解除することが信義誠実の原則に反するとした。最判昭和三九年七月二八日[3]も、滞納家賃が催告期間内に支払われなかったとしても、催告金額九六〇〇円のうち四八〇〇円は既に供託がなされており、また賃借人が過去一八年間にわたって賃料を滞納したことがなく、台風で家屋が破損したときも賃貸人が修繕しなかったので自ら二万九〇〇〇円を支出して屋根のふきかえなどをしていたことなどから、賃貸人による賃料不払いを理由とする賃貸借契約の解除は信義誠実の原則に反し許されないとした。

賃貸借契約における増改築禁止特約と信義誠実の原則

民法五九四条一項

「借主は、契約又はその目的物の性質によって定まった用法に従い、その物の使用及び収益をしなければならない。」

民法六一六条

「第五百九十四条第一項の規定は、賃貸借について準用する。」

借主は、賃貸借契約または賃借物の性質によって定められた用法に従って、物を利用しなければならないというものであるが、最判昭和四一年四月二一日[4]は、借地人が増改築をするにあたっては賃貸人の承諾を要し、これに違反した場合には無催告で契約を解除できるとの特約があったにもかかわらず、借地人が無断で増改築をしたとしても、増改築が借地人の土地の通常の利用において相当であり、賃貸人との信頼関係を破壊する恐れがない場合には、賃貸人がその特約に基づいて解除権を行使することは信義誠実の原則に基づき許されないとした。

1　法律新聞四六五五号一〇頁。
2　法律新聞三四三二号五頁。
3　民集一八巻六号一二二〇頁。
4　判例タイムズ一九一号八二頁。

賃借権の第三者対抗力と信義誠実の原則

民法六〇五条

「不動産の賃貸借は、これを登記したときは、その不動産について物権を取得した者その他の第三者に対抗することができる。」

借地借家法三一条

「建物の賃貸借は、その登記がなくても、建物の引渡しがあったときは、その後その建物について物権を取得した者に対し、その効力を生ずる。」

債権の性質を有する賃借権の第三者対抗要件について、東京高判平成一三年一一月二二日[1]は、ビルに抵当権が設定されたが、債務者が弁済できずに抵当権が実行されたときに、ビルの賃借権者が最先順位の抵当権者に対抗できたとしても、このビルに賃借権者を債務者とする根抵当権が設定されており、かつ賃借権者の債務不履行によりビルの売却代金から弁済がされるべき事情がある場合には、その賃借権を主張することが信義誠実の原則に反し許されないとした。

無断転貸借と信義誠実の原則

民法六一二条

「一項　賃借人は、賃貸人の承諾を得なければ、その賃借権を譲り渡し、または賃借物を転貸することができない。

二項　賃借人が前項の規定に違反して第三者に賃借物の使用または収益をさせたときは、賃貸人は、契約の解除をすることができる。」

賃借物の無断転貸が解除事由になるとする規定であるが、東京地判昭和一五年五月二八日[2]は、家屋の賃貸人が賃料の増額請求をしたところ、賃借人が応じなかったことから、賃借人が過去に無断転貸を行っていたことや家屋の一部改造していたことについて特約違反であると主張して契約を解除することは信義誠実の原則に反するとした。

賃貸借契約の合意解除と信義誠実の原則

賃貸借契約の合意解除と転借人との関係について、大判昭和九年三月七日[3]は、土地の賃貸人の同意を得て賃借人が土地を転貸したときに、土地の転借人が賃料を滞納したので、賃貸人が賃借人との合意だけで、転借人に催告することなく賃貸借契約を解除して転借人に土地の明渡しを求めることは信義誠実の原則に反するとした。

また、最判昭和三八年二月二一日[4]は、建物を賃借し居住している建物賃借人がいる状況において、その建物を所有する土地賃借人と土地賃貸人との間で土地賃貸借契約の合意解除をした場合、民法三九八条、五三八条の法理及び信義誠実の原則に照らし、土地賃貸人は特段の事情がない限り、その効果を借地上の建物の賃借人に対抗しえないとした。さらに最判昭和四八年一〇月一二日[5]は、土地の転借人に何ら非がないにもかかわらず、土地の賃貸人が自己の都合により転借権を消滅させるために、賃借人である会社の代表者として自己破産を申し立てて

1　金融・商事判例一一四〇号五三頁。
2　法律新聞四五九六号一〇頁。
3　民集一三巻四号二七八頁。
4　民集一七巻一号二一九頁。
5　民集二七巻九号一一九二頁。

破産宣告を得た上で、賃貸借契約を解除することは、転借人に対して著しく信義誠実の原則に反する行為であり、これによる賃貸借契約の終了は転借人との関係ではその効力を生じないとした。

その後、改正民法六一三条三項では、「賃借人が適法に賃借物を転貸した場合には、賃貸人は、賃借人との間の賃貸借を合意により解除したことをもって転借人に対抗することができない。ただし、その解除の当時、賃貸人が賃借人の債務不履行による解除権を有していたときは、この限りでない。」と明文化されるに至っている。

借地権の更新請求と信義誠実の原則

借地借家法五条一項

「借地権の存続期間が満了する場合において、借地権者が契約の更新を請求したときは、建物がある場合に限り、前条の規定によるもののほか、従前の契約と同一の条件で契約を更新したものとみなす。ただし、借地権設定者が遅滞なく異議を述べたときは、この限りでない。」

借地上に建物があれば借地権者の更新請求により借地権が更新されるとするものであるが、最判昭和五二年三月一五日[1]は、借地上の建物が火災により焼失し、土地賃借人が建物を再築しようとすると、土地賃貸人が建物の再築禁止を通告するとともに土地の明渡しを求め、建物の再建築契約を進めることができないでいるうちに借地権の存続期間が満了し、借地上に建物を所有していない状態に陥った場合、土地の賃貸人が建物の不存在を理由に更新請求権がないと主張することは信義誠実の原則により許されないとした。

建物買取請求権と信義誠実の原則

借地借家法一三条

「借地権の存続期間が満了した場合において、契約の更新がないときは、借地権者は、借地権設定者に対し、建物その他借地権者が権原により土地に附属させた物を時価で買い取るべきことを請求することができる。」

借地権の存続期間が満了し、契約の更新がない場合に借地人に建物買取請求権を認めるとする規定であるが、東京高判昭和四四年六月一〇日[2]は、地主が土地の賃借人に対して建物の収去土地明渡請求をしたところ、借地人である建物所有者が建物買取請求をしたときに、後に地主との和解によりその請求権の行使を撤回したとしても、建物の賃借人に対しては対抗することができないと解すべきで、その理由は自由に成し得る権利の放棄により第三者の権利を害するに至るときはその第三者に対抗しえないものとするのが信義誠実の原則に照らしても当然であるとした。また最判昭和四八年九月七日[3]は、建物とともにその敷地の賃借権を譲り受けた者が有する建物買取請求権について、賃借権の譲渡につき賃貸人の承諾のない間に賃借人である譲渡人が賃貸人との間で賃貸借契約の合意解除をすることにより、譲受人である第三者に生じた建物買取請求権を消滅させることは信義誠実の原則により、とうてい許されないものであるとした。最判昭和五八年三月二四日[4]は、土地の転借権が無断で譲渡され、譲受人が老朽した建物を無断で大改装工事しておきながら、建物買取請求権を行使した場合、建物の改装工事が不信行為の著しいものであって、その改造工事による建物の増加価格を放棄し、譲受当時の価格による買取を求めたとしても、その買取請求権の行使は信義誠実の原則に反するものとしてその効力を生じないとした。

1　判例時報八五二号六〇頁。
2　判例タイムズ二四〇号二三九頁。
3　民集二七巻八号九〇七頁。
4　判例タイムズ五一二号一一〇頁。

請負契約と信義誠実の原則

民法六三二条
「請負は、当事者の一方がある仕事を完成することを約し、相手方がその仕事の結果に対してその報酬を支払うことを約することによって、その効力を生ずる。」

請負契約とは当事者の一方が、ある仕事の完成を約し相手方がそれについて報酬を支払う契約のことであるが、東京地判昭和五七年一〇月一九日[1]は、印刷物の巻取り、大断加工業を行う個人業者が、各種印刷物全般と取り扱う印刷会社と継続的下請契約を締結し、印刷会社からの発注が個人業者にとって毎月の売り上げの八割を占めており、その発注に対応するために相当の設備投資や人員の確保に努めていた場合、注文者はやむを得ない特段の事情がなければ、相当の予告期間を設けるか、または相当な損失補償をしない限り、一方的に取引を中止することは許されないと解するのが公平の原則ないし信義誠実の原則に照らし相当であるとした。

東京地判昭和六〇年七月一六日[2]は、高層ビルの建築をめぐって周辺住民との間で日照等の紛争が発生した場合、請負人は信義誠実の原則に基づいて、その紛争解決について注文者に協力して工事を完成する義務を負い、これを尽さなかったので債務不履行責任を負うとした。

東京高判平成一二年三月一四日[3]は、建築工事の注文者が、建物の使用に関係のない僅かな未施工箇所があることを理由に、瑕疵の修補と報酬の残代金の支払との引換給付を主張することが信義誠実の原則に反し許されないとした。

東京地判昭和五〇年八月二六日[4]、福岡地小倉支判昭和五七年九月一四日[5]は、雇用契約の存在しない元請人と下請人との間にも、元請負人の直接の指揮監督のもとに労務を提供していた場合には、労働関係に付随する義務として、その労務提供の過程において生命、健康を損なうことのないように危険から保護し、その安全を保証すべき義務を信義誠実の原則に基づいて負うべきであるとした。最判平成三年四月一一日[6]は、元請企業（三菱重工神戸造船所）で働いていた労働者が、工場騒音の被曝によって難聴障害に罹患したことの損害賠償を求めたときに、その労働者が元請企業の作業場でその設備工具等を用いるなど、事実上その指揮監督を受けて稼働し作業内容も元請企業の従業員とほぼ同じであったとすれば、元請企業は信義誠実の原則に基づき労働者に対して安全配慮義務を負うとした。東京地判平成二〇年二月一三日[7]も、請負人に雇用されていた労働者が、作業台に立ってライン上を流れる缶の蓋を検査する作業中に作業台から転落して頭を強打し、その後に死亡した場合に、労働者が注文者の供給する設備等を用いて、注文者の指示の下に労務の提供を行うなど、注文者と請負人の雇用する労働者との間に実質的に使用従属の関係が生じていると認められるときは、信義誠実の原則に基づいて、注文者はその労働者に対して安全配慮義務を負うとした。

委任契約上の善管注意義務と信義誠実の原則

民法六四四条
「受任者は、委任の本旨に従い、善良な管理者の注意をもって、委任事務を処理する義務を負う。」

1　判例時報一〇六七号七二頁。
2　判例タイムズ六一一号四二頁。
3　判例タイムズ一〇二八号二九五頁。
4　下民集三一巻一～四号八七頁。
5　判例タイムズ四九〇号一二六頁。
6　判例タイムズ七五九号九五頁。
7　判例タイムズ一二七一号一四八頁。

委任契約とは、法律行為の実施を相手方に委託し、その業務自体に対して報酬を払うことを約する契約のことであるが、東京地判平成一九年五月二三日[1]は、背任行為を行っていた前代表取締役を通じて会社から監査業務及び相談業務を受任していた公認会計士及び監査法人に、善管注意義務違反が認められるとしても、前代表取締役の不正行為を理由としてその公認会計士及び監査法人だけに損害賠償請求をすることは信義誠実の原則に反するとした。

受任者の報酬請求権と信義誠実の原則

民法六四八条
「受任者は、特約がなければ、委任者に対して報酬を請求することができない。」
委任者の報酬支払義務について、浦和地判昭和五八年九月三〇日[2]は、不動産仲介業者が土地の所有者から土地の売却を依頼され、同業者に土地を売却してそこから買主に売却されたときに、転売利益と仲介報酬の二重の利益を得ようと同業者である第三者を介在させて土地を売却することで買主に対して通常の売買価格に上乗せした代金を請求した場合、そのような報酬請求は信義誠実の原則に反し、権利濫用にあたり許されないとした。東京地判平成元年三月二九日[3]は、不動産仲介業者が土地の売却を依頼されたときに、適切な取引価格の調査をせずに低額な売却価格である旨を告げて強引に説得して土地を売却させるなどして、仲介業者が自己及びその親会社の利益を図るために仲介を行って仲介手数料を請求することは信義誠実の原則に反し権利濫用であり認められないとした。
　また東京高判平成三年一二月四日[4]は、着手金等の授受がないものの成功報酬の定めがあった弁護士委任契約において、その主要な内容を達成していたが不誠実な委任者に対して弁護士からの解除よって委任契約が途中で終了した場合、その時点までに履行済みの受任事務に関する報酬を一切放棄せざるをえないとするのは不当であるが、弁護士の報酬額は当事者の合意にすべて拘束されるとするのは妥当ではないので、依頼された事件の難易度、労力の程度、所要時間などを考慮して信義誠実の原則と衡平の原則に基づき契約の範囲内において減額することができるとした。

準委任契約と信義誠実の原則

民法六五六条

「この節の規定は、法律行為でない事務の委託について準用する。」

契約などの法律行為以外の事務を委託する契約に関する規定であるが、最判平成二年一一月八日[5]は、特殊タンク船の船長が船倉内で窒息死した事件において、運航委託契約により船舶の運航を受託した者が直接の契約関係にない船長に対して指揮監督権を行使する立場にあり、また船長から実質的に労務の供給を受けていた場合には、信義誠実の原則に基づく安全配慮義務を負うとした。東京地判平成一五年三月二〇日[6]は、医院でデイケアを受けていた高齢者が医院の送迎バスを降りた直後に路上で転倒して骨折し、さらに肺炎を発症して死亡した場合、医院の設置者は診療契約と送迎契約が一体となった無名契約に付随する信義誠実の原則に基づく義務として、患者

1　判例時報一九八五号七九頁。
2　判例タイムズ五二〇号一六六頁。
3　判例タイムズ七一一六号一四八頁。
4　判例タイムズ七八六号二〇六頁。
5　判例タイムズ七四五号一〇九頁。
6　判例時報一八四〇号二〇頁。

を送迎するに際し、その生命及び身体の安全を確保すべき義務を負うとした。

組合契約と信義誠実の原則

民法六八八条三項

「残余財産は、各組合員の出資の価額に応じて分割する。」

組合の財産を清算した後に残った財産の分割に関して、東京高判平成一五年一一月二六日[1]は、二名の渉外弁護士が共同で法律事務所を開設して運営するパートナーシップ契約の性質が民法上の組合契約であるとし、その事務所を解散して清算するときの弁護士間の利益分配が、債務の負担割合及び経費の負担割合とも各二分の一と定められていたとしても、配分的正義の要請あるいは信義衡平によって六対四の割合でなされるべきものとした。

和解契約と信義誠実の原則

民法六九五条

「和解は、当事者が互いに譲歩をしてその間に存する争いをやめることを約することによって、その効力を生ずる。」

和解契約は、当事者が互いに譲歩した上で争いを終了させるものであるが、東京地判平成八年八月二九日[2]は、借地契約の合意解除を前提として建物収去及び土地明渡しをする旨の和解契約が締結されたときに、法的知識に乏しい借地権者が法律上支払う義務のない更新料などを請求されたため、わずか三年分の地代相当額の損害金の支払義務を免れるために高価な借地権を失うという著しく不利益で苛酷な結果を招く和解契約を締結していたのであれば、和解契約締結に至る交渉経過、経済的損失の程度、借地権者が高齢であること、地主にとって土地使用の必要性が高くないことなどの諸般の事情を総合して、和解契約は信義誠実の原則に照らし無効であるとした。

フランチャイズ契約と信義誠実の原則

コンビニやファーストフード店などで用いられているフランチャイズ契約とは、本部（フランチャイザー）が加盟店（フランチャイジー）に対して、商標・商号の使用権、商品やサービスの販売権、経営のノウハウなどを提供し、その対価として加盟店から保証金やロイヤリティなどの対価を得るという非典型（民法に規定のない）契約であるが、京都地判平成三年一〇月一日[3]は、パンの製造販売に関するフランチャイズチェーン本部である進々堂とフランチャイズ契約を締結したが、立地状況が整っていない場所での営業だったためフランチャイジーが三カ月もたたないうちに経営に行き詰って閉店した場合、フランチャイザーはフランチャイズ契約の締結に当たって、客観的な判断材料になる正確な情報を提供すべき信義誠実の原則に基づく義務を負っていると解すべきであり、市場調査の内容が客観性を欠き、加盟店契約に関する判断を誤らせる恐れが大きいときは、信義誠実の原則に基づく保護義務違反になるとした。京都地判平成五年三月三〇日[4]は、学習塾のフランチャイザー「教導塾」のフランチャイジーとして塾のフランチャイズ契約を締結したが、一年半後に契約を解除して塾を辞めたところ未払いのロイヤリティー等の支払を請求された場合に、フランチャイザーが有利な事業であるかのような虚言により加盟契約をさせたにもかかわらず、約束した生徒募集活動もしなかったことから、加盟契約締結にあたり客観

1　判例時報一八六四号一〇一頁。
2　判例タイムズ九三三号二六二頁。
3　判例タイムズ七七四号二〇八頁。
4　判例タイムズ八二七号二三三頁。

的な判断材料になる正確な情報を提供すべき信義誠実の原則に基づく義務に違反しているとしてフランチャイジーの損害賠償請求を認めた。その後も名古屋地判平成一〇年三月一八日[1]は、「ほっとほか弁当飯蔵」の名称で事業を展開しているフランチャイズチェーンの事業本部が加盟契約を締結するにあたって、十分な市場調査をせず、しかも不十分な調査に基づく売り上げ予想を漫然と提示して、不正確かつ不適正な情報をフランチャイジーに提供することは信義誠実の原則に基づく義務（情報提供義務）に違反しているとした。福岡高判平成一三年四月一〇日[2]は、サンドイッチ販売を目的とするフランチャイズチェーンの事業本部が加盟契約を締結する際に、事業の予測売上高についての情報を提供するにあたり、事業経営について有する知識及び経験に基づいて合理性のある情報を提供すべき信義誠実の原則に基づく義務を怠ったとした。

リース契約と信義誠実の原則[3]

リース契約とは、企業などの顧客（ユーザー）が希望する物件をリース会社が販売会社（サプライヤー）から購入し、その企業に対してその物件を（多くの場合）長期的に賃貸するというものであるが、東京地判昭和五二年三月三一日[4]は、ユーザーが虚偽の借受証を発行して、リース会社に代金を支払わせておきながら、後になってユーザーがリース物件の引渡しがないことを理由にリース契約の解除を主張することが信義誠実の原則に反するとした。

また、門司簡判昭和六二年一〇月二三日[5]は、サプライヤーとリース会社に密接な関係があり、サプライヤーの外交販売員によるリースの勧誘時に目的物件が不要なときはいつでも返還して解約できる旨の説明をするなど外交販売員の行為が著しく信義誠実の原則に反するときはリース会社が解約できない旨の特約をたてにユーザーにリース料の支払を求めることはできないとした。大阪地判平成二四年七月二七日[6]は、リース会社は提携関係にあるサプライヤーによる違法な勧誘について指導・監督すべき注意義務があり、リース会社がこれに違反する場合にはユーザーに対して信義誠実の原則に従ってリース料を請求できないとした。

サブリース契約と信義誠実の原則

サブリース契約とは、マンションなどの不動産賃貸において転貸を目的として物件を一括で賃借し、そこから第三者に転貸するという非典型契約のことをいうが、東京地判平成一〇年三月二三日[7]は、不動産価格の下落が始まっていた時期に、日本の最大手である三菱地所が、デベロッパーとして一〇年以上のサブリース事業をビルのオーナーに持ち込んで最低賃料の保証を行い、その子会社である三菱地所住宅販売がビルを一括して賃借していた場合、賃貸借契約から二年たって、三菱地所らがビルのオーナーの事業収支自体が成り立たなくなるような借賃減額請求をすることは、信義誠実の原則に反し許されないとした。

また最判平成一四年三月二八日[8]は、転貸により収益を得ることを当初から予定して締結された事業用ビルの賃貸借契約が賃借人の更新拒絶によって終了した場合において、賃借人から安定的に賃料収入を得ることを目的として賃貸借契約を締結し、賃借人が第三者に転貸することを賃貸借契約締結の当初から承諾していたので、賃貸

1　判例タイムズ九七六号一八二頁。
2　判例タイムズ一一二九号一五七頁。
3　拙稿「リース契約と信義誠実の原則」帝塚山法学三一号（二〇二〇年）九四頁以下を参照。
4　判例タイムズ三六一号二七一頁。
5　判例タイムズ六九四号一四六頁。
6　判例タイムズ一三九八号一五九頁。
7　判例タイムズ九八〇号一八八頁。
8　民集五六巻三号六六二頁。

人は、信義誠実の原則に基づき賃貸借契約の終了をもって（再）転借人に対抗することができないとした。

システム開発契約と信義誠実の原則[1]

システム開発契約とは、システム開発会社（ベンダー）が顧客（ユーザー）から委託を受けてシステムを開発・納入し、ユーザーが代金を支払うという取引であるが、東京高判平成二五年九月二六日[2]は、スルガ銀行が日本ＩＢＭに対して銀行業務全般を取り扱う新システムの構築を依頼する内容のシステム開発契約が締結されたが、システム開発に至らずに頓挫したときに、ＩＢＭ側が開発進行上の危機を回避するために適時に適切な説明を提言し、仮に回避しえない場合にはシステム開発の中止をも提言する義務があったにもかかわらず、この義務に違反した場合には、信義誠実の原則に基づいて契約上の代金を請求できないとした。

不当利得返還請求と信義誠実の原則

民法七〇三条

「法律上の原因なく他人の財産または労務によって利益を受け、そのために他人に損失を及ぼした者は、その利益の存する限度において、これを返還する義務を負う。」

法律上の原因がないのに利益を受けている者は、それによって損失を受けた者に対して、不当利得の返還義務を負うとするものであるが、東京地判平成一〇年三月三一日[3]は、消費税の払いすぎた分の不当利得返還請求権について、損失者と受益者の帰責性を考慮して、漫然と請求に応じて六年間以上も過誤に気づかずに払いすぎていたことを理由に、五割を超える部分の返還請求が信義誠実の原則に反するとした。横浜地判平成一八年一一月一五日[4]は、川崎市が横浜銀行及びみずほ銀行との間で、金融機関が融資する第三セクターの借入債務について損失補償をする契約を締結したが、この契約が違法で無効なものであることから川崎市が支払った補償金の支払の返還を求めた時に、当時において川崎市及び金融機関が契約の有効性を疑っていた形式がなく、支払についても川崎市議会の正式な決議を経ていることや補償金の九億円が既に支払済みなどを考慮すると、川崎市が金融機関に対して損失補償金の返還を求めることは信義誠実の原則に照らして許されないとした。

不法原因給付と信義誠実の原則

民法七〇八条

「不法な原因のために給付をした者は、その給付したものの返還を請求することができない。ただし、不法な原因が受益者についてのみ存したときは、この限りでない。」

賭博や殺人依頼のような不法な原因によって金銭等が給付された場合、その契約は公序良俗に反するので無効となるが給付したものの返還請求はできないとする規定である。最判平成二六年一〇月二八日[5]は、無限連鎖講に該当する事業者から配当金の給付を受けた会員が、その事業者の破産管財人から配当金の返還を求められたときに、その配当金の給付が不法原因給付に当たることを理由に返還を拒むことは、信義誠実の原則により許されないとした。

1　拙稿「IT契約と信義誠実の原則」帝塚山法学二九号（二〇一八年）一二二頁以下を参照。
2　金融・商事判例一四二八号一六頁。
3　判例タイムズ九七七号一九九頁。
4　判例タイムズ一二三九号一七七頁。
5　民集六八巻八号一三二五頁。

不法行為と信義誠実の原則

民法七〇九条
「故意または過失によって他人の権利または法律上保護される利益を侵害した者は、これによって生じた損害を賠償する責任を負う。」

故意または過失によって他人の権利を侵害し損害を発生させる行為について、最判昭和五八年四月一九日[1]は、売土地の売買交渉が進み、買主が金融機関から融資を受けて契約の準備を調えて待機していたにもかかわらず、売主から契約締結の延期の申入れがなされ、さらに第三者に土地が売却され移転登記がなされたときに、売主は買主の期待を侵害しないよう誠実に契約の成立に努めるという信義誠実の原則に基づく義務があるとして、買主による不法行為に基づく損害賠償請求を認めた。最判平成二年七月五日[2]も同様に、契約準備段階における信義誠実の原則に基づく義務違反を理由に不法行為に基づく損害賠償請求を容認した。

最判平成一〇年四月三〇日[3]は、宝石の入った荷物をペリカン便で配達している途中で紛失したときに、運送契約の当事者ではない宝石の所有者（荷物の受取人）が運送会社に不法行為に基づく損害賠償を請求したとしても、荷受人が少なくとも宅配便によって荷物が運送されることを容認していたなどの事情があれば、信義誠実の原則に基づいて、運送契約上の責任限度額を超えて運送人に対して損害賠償を求めることが許されないとした。

さらに東京高判平成一四年一二月五日[4]では、連鎖販売取引システムにより化粧品を販売していた株式会社ノエビアが、その傘下の販売会社に対してキャンペーン商品を無理やり割り当て販売させておきながら、販売会社からの返品要求があると、その販売会社が過去に別製品の取り扱いを検討していたことを理由に販売業務委託契約を解除した場合、独占禁止法（私的独占の禁止及び公正取引の確保に関する法律）一九条「事業者は、不公正な取引方法を用いてはならない」の趣旨に違反し、著しく信義誠実の原則に反するので、不法行為を形成するとした。

慰謝料請求と信義誠実の原則

民法七一〇条

「他人の身体、自由若しくは名誉を侵害した場合または他人の財産権を侵害した場合のいずれであるかを問わず、前条の規定により損害賠償の責任を負う者は、財産以外の損害に対しても、その賠償をしなければならない。」

不法行為責任を負う者に対しては精神的な損害についても損害賠償請求ができるとするものであるが、最判平成一六年一一月一八日[5]①は、住宅・都市整備公団が団地の建て替えを行い、団地内の分譲住宅を優先的に譲り受けた者に対して、一般公募を直ちにする意思がないことをまったく説明せず、しかも数年たって二五～三〇％値下げした価格で一般公募を開始した場合、その公団の行為によって譲受人は分譲住宅の価格の適否について十分に検討した上で契約を締結するか否かの機会を奪われているので、その行為は信義誠実の原則に著しく違反し慰謝料請求権を発生させるとした。

1　判例タイムズ五〇一号一三一頁。
2　裁判所ウェブサイト
3　判例タイムズ九八〇号一〇一頁。
4　判例タイムズ一一三九号一五四頁。
5　民集五八巻八号二二二五頁。

使用者責任と信義誠実の原則

民法七一五条三項

「前二項の規定は、使用者または監督者から被用者に対する求償権の行使を妨げない。」

従業員の不法行為により第三者に損害を与えたときに、使用者が第三者に対して支払った賠償金について、もともとの行為者である従業員に求償できるとするものであるが、最判昭和五一年七月八日[1]は、従業員が石油タンクローリーを運転中に起こした事故について、使用者が使用者責任に基づいて被害者に損害賠償をした後に、従業員とその身元保証人に対して求償権を行使したときに、使用者が対物賠償責任保険及び車両保険に加入していなかったり、従業員が特命により臨時的に運転していたなどの事情があれば、信義誠実の原則に基づいて損害のうち四分の一を限度として、賠償及び求償を請求しうるにすぎないとした。

共同不法行為と信義誠実の原則

民法七一九条一項

「数人が共同の不法行為によって他人に損害を加えたときは、各自が連帯してその損害を賠償する責任を負う。共同行為者のうちいずれの者がその損害を加えたかを知ることができないときも、同様とする。」

共同不法行為とは複数の者の加害行為により他人に損害を与えることをいうが、高松高判平成一六年七月二二日[2]は、いわゆる潜水橋（河川増水時に水流に逆らわずに橋面が水面下に沈むように構築され、欄干も設けられていない橋）を通行中の自動車が川に転落し、運転していた長男と同乗者の長女が水死した事故で、その親が橋の管理者である徳島市に対して管理に瑕疵があるとして損害賠償を求めたときに、長女の損害分については徳島市の負担部分（三割）を超えて賠償すれば、長男（共同不法行為者）を相続した親に対して徳島市が求償権を取得する関係にあるので、信義誠実の原則に基づき親が損害賠償を求めることができるのは徳島市の負担部分に限られるとした。

不法行為における過失相殺と信義誠実の原則

民法七二二条二項

「被害者に過失があったときは、裁判所は、これを考慮して、損害賠償の額を定めることができる。」

不法行為の損害賠償額を算出するときに被害者にも過失があれば、被害者の過失部分を加害者の負担すべき損害賠償額から差し引くというものであるが、名古屋地判昭和四六年一二月二三日[3]は、長野県公安委員会の指定を受けた射撃場で発生した銃の爆発事故について、爆発そのものについて名城大学法学部の学生だった被害者に過失はないが、被害者がクレー射撃について法定の資格がないのにあえて違法な射撃に及んでいたことから、信義誠実の原則に基づき、射撃場の経営者に対する損害賠償請求額のうち三割を減額した。また福岡地判昭和四八年一二月一八日[4]は、福岡県庁の職員が上司から公務出張命令を受けたが、公用車が出払っていたため、上司の指示により自家用車に上司を同乗させて運転していたところ、事故により上司を死亡させたときに、亡き上司が勤務地の最高責任者でもあることから、その出張命令により自己の本来の職務内容と異なる運転行為を余儀なくされ、その際に自己所有の自動車を公務に供することを拒むことは事実上不可能であり、また上司の指示で行く先が決

1　民集三〇巻七号六八九頁。
2　判例タイムズ一二一三号一一九頁。
3　判例タイムズ二七八号三三〇頁。
4　判例時報七五〇号七六頁。

められていたのであるから、好意同乗者に対する賠償額のすべてを運転者に負担させるのはいかにも酷で信義誠実の原則に反し条理にもとるので、その額が五割減額されるとした。

第四節　親族編における信義誠実の原則

夫婦間の同居協力扶助義務と信義誠実の原則

民法七五二条

「夫婦は同居し、互いに協力し扶助しなければならない。」

夫婦の同居義務と扶助義務に関するものであるが、東京地判昭和一二年四月二八日[1]は、夫の勧める助産院ではなく勝手に別の産科医院の特別室に入院して分娩し、退院後に復帰を促したのにこれに応じないでいる妻が、夫に入院費用及び扶養料の請求をすることは夫婦間に要求される誠実の義務に照らして認められないとした。

また大阪高決昭和三四年九月五日[2]は、夫が妻に暴力をふるったので妻が同居を拒んでいた場合に、夫による同居請求権の行使は法律上認められている目的ないし信義誠実の原則に反し、権利の濫用として許されないとした。

婚姻費用の分担と信義誠実の原則

民法七六〇条

「夫婦は、その資産、収入その他一切の事情を考慮して、婚姻から生ずる費用を分担する。」

夫婦が生活する上で必要となる全ての生活費の分担に関する規定であるが、福岡高決平成一七年三月一五日[3]は、他の男と不貞に及び婚姻生活の破綻について責任のある妻から離婚を求める裁判が別に提起されているので、妻は婚姻共同生活が崩壊し、もはや夫婦間の具体的同居協力扶助義務が喪失したことを自認するものであるから、このような妻が離婚までの婚姻費用の分担を求めることは信義誠実の原則に照らし許されないとした。

離婚後の子の監護と信義誠実の原則

民法七六六条一項
「父母が協議上の離婚をするときは、子の監護をすべき者、父または母と子との面会及びその他の交流、子の監護に要する費用の分担その他の子の監護について必要な事項は、その協議で定める。この場合においては、子の利益を最も優先して考慮しなければならない。」

離婚時に子の監護権を持った親権者は協議に基づいて非監護権者に対して養育費を請求することができるのであるが、札幌家判平成一〇年九月一四日[4]は、離婚後に未成年の子の親権者となって監護養育にあたっている母が、子の父（元夫）に対して養育費を請求したときに、その母と再婚相手の夫の基礎収入だけでは子を十分に扶養できない状況にあったとしても、妻が元夫から受領した離婚給付金を自己の借金の返済にあてるなどの事情を考慮すると、自己の借金の返済のための養育費の請求は信義誠実の原則に反し権利の濫用であるとした。

1　法律新聞四一三三号四頁。
2　家庭裁判月報一一巻一一号一〇九頁。
3　家庭裁判月報五八巻三号九八頁。
4　家庭裁判月報五一巻三号一九四頁。

裁判離婚と信義誠実の原則

民法七七〇条一項

「夫婦の一方は、次に掲げる場合に限り、離婚の訴えを提起することができる。

一　配偶者に不貞な行為があったとき。

二　配偶者から悪意で遺棄されたとき。

三　配偶者の生死が三年以上明らかでないとき。

四　配偶者が強度の精神病にかかり、回復の見込みがないとき。

五　その他婚姻を継続し難い重大な事由があるとき。」

有責配偶者からの離婚請求について、最大判昭和六二年九月二日[1]は、自ら離婚原因を作った者による離婚請求が民法全体の指導理念たる信義誠実の原則に反しない場合には認められるとし、さらに東京高判平成一九年二月二七日[2]は、別の女と不貞行為を行った夫が離婚請求をしたときに、九年以上も別居が続き夫婦関係が破綻し、夫婦間の子が成年に達しているものの、その子に四肢麻痺の障害があるために日常生活全般にわたり介護が必要な状況にあることから、妻はそのような子を放置して就業することができず、またその年齢（五四歳）からして安定した職業を見つけるのは困難であること、さらに離婚した場合には現住居から退去しなければならない可能性もあることから、離婚により妻が精神的・経済的に極めて過酷な状況に置かれるので、夫からの離婚請求を認めることは著しく社会正義に反し、信義誠実の原則に照らして認容することができないとした。

親族間の扶養義務と信義誠実の原則

民法八七七条一項

「直系血族及び兄弟姉妹は、互いに扶養をする義務がある。」

民法八七九条

「扶養の程度または方法について、当事者間に協議が調わないとき、または協議をすることができないときは、扶養権利者の需要、扶養義務者の資力その他一切の事情を考慮して、家庭裁判所が、これを定める。」

親族の扶養義務について、新潟家判昭和四七年五月四日[3]は、父が母と離婚後に一〇年間放浪したのち、長男、次男、三男に対して扶養を請求したが、父自身に手に職があり就業して収入を得ることが可能であるにもかかわらず、労働意欲がなく競馬や競輪などを好んでいるために生活費に困っていること、子が小さい時から父としての養育の責任をまったく果たさなかったなどの事情の下では、父による扶養の申立ては信義誠実の原則に反するとした。

また秋田家判昭和六三年一月一二日[4]は、老父母から子らに対する扶養料請求について、扶養料を支払う必要があるが、子ら六人が家父長的意識をもち、子が自分の意に添わないと勤務先の市役所で子の悪口を言うなど過激な行動をとる父に嫌悪感を抱いており、このような親子の不和を形成した原因が父にあることから、五万円の扶養料の支払義務を負担させることは子らに対して酷であると言わざるをえず、従って父母らは信義誠実の原則に基づき扶養料がある程度制限されることを受忍しなければならないとした。

1　民集四一巻六号一四二三頁。
2　判例タイムズ一二五三号二三五頁。同様の事件として最判平成一六年一一月一八日②判例タイムズ一一六九号一六五頁も参照。
3　家庭裁判月報二五巻六号一五〇頁。
4　家庭裁判月報四〇巻六号五一頁。

第五節　相続編における信義誠実の原則

共同相続における権利の承継の対抗要件と信義誠実の原則

民法八九九条の二第一項

「相続による権利の承継は、遺産の分割によるものかどうかにかかわらず、次条及び第九百一条の規定により算定した相続分を超える部分については、登記、登録その他の対抗要件を備えなければ、第三者に対抗することができない。」

共同相続人のうちの一人が自己の法定相続分を超えて単独相続の登記をしたうえで第三者にこれを処分した場合には、無権利者の処分として他の共同相続人は登記なくして第三者に対して自己の持分を対抗できるが、[1]最判昭和四二年四月七日[2]は、相続財産の不動産について共同相続人の一人が勝手に単独相続の登記をして第三者に対して抵当権を設定しておきながら、後になって自分の持分を超える部分について抵当権の無効を主張して抹消登記手続を求めることは信義誠実の原則に反するとした。最判昭和五六年一〇月三〇日[3]でも、共同相続人の一人が相続不動産を単独相続した旨の登記をして第三者に処分した後、自己の持分を超える部分の所有権移転登記が無効であると主張して抹消登記手続を求めることが信義誠実の原則に反するとした。

遺産分割協議と信義誠実の原則

民法九〇七条

「共同相続人は、次条の規定により被相続人が遺言で禁じた場合を除き、いつでも、その協議で、遺産の全部または一部の分割をすることができる。」

遺産分割協議とは相続人全員で遺産の分け方を決める話し合いのことであるが、大阪地判平成八年二月二〇日[4]は、共同相続人の一人とその配偶者が、他の共同相続人から遺産分割について一任する旨の書面を提出させたうえで、年長順に一人ずつ呼び出し、公平を欠く遺産分割案を提示してその場で相続財産を選択させるなどした場合、このような遺産分割協議は一見意思表示が合致したような形をとっているものの、協議という名に値しない不公平なものであって、信義誠実の原則に反して作成されたものであり、遺産分割としての効力を有しないとした。

限定承認と信義誠実の原則

民法九二二条

「相続人は、相続によって得た財産の限度においてのみ被相続人の債務及び遺贈を弁済すべきことを留保して、相続の承認をすることができる。」

民法九三一条

「限定承認者は、前二条の規定に従って各相続債権者に弁済をした後でなければ、受遺者に弁済をすることがで

1　最判昭和三八年二月二二日民集一七巻一号二三五頁。
2　民集二一巻三号五五一頁。
3　判例タイムズ四五五号九六頁。
4　判例タイムズ九四七号二六三頁。

きない。」

限定承認とは、相続によって得たプラスの財産を限度として相続することであるが、最判平成一〇年二月一三日[1]は、被相続人から死因贈与により不動産を受贈した者（贈与者の相続人でもある）が限定承認をしたとき、被相続人の財産は本来限定承認者によって相続債権者に対する弁済にあてられるべきだが限定承認者が相続債権者の存在を前提として自ら限定承認をしながら、贈与者の相続人としての登記義務者の地位と受贈者としての登記権利者の地位を兼ねる者として自らに所有権移転登記手続をすることは信義誠実の原則に基づき相当ではないので、死因贈与に基づく限定承認者への所有権移転登記が相続債権者による差押登記よりも先にされたとしても、信義誠実の原則に照らし、限定承認者は相続債権者に対して不動産の所有権取得を対抗することができないとした。

遺留分の算定と信義誠実の原則

民法一〇四三条一項

「遺留分を算定するための財産の価額は、被相続人が相続開始の時において有した財産の価額にその贈与した財産の価額を加えた額から債務の全額を控除した額とする。」

遺留分とは相続人に法律で保障された最低限の相続分のことであるが、東京地判平成一五年五月二二日[2]は、遺留分権利者が相続人に対して遺産を構成する貸金庫の内容物について、貸金庫契約に基づく引渡請求権の準共有持分を有していることの確認を求めた訴えにおいて、相続人が双方立ち会いの下での貸金庫の内容物の確認を合理的な理由なく拒絶しておきながら、遺留分算定の基礎となる財産額が特定されていないことを主張して、持分権について争うことが訴訟上の信義誠実の原則に反し許されないとした。

遺留分の放棄と信義誠実の原則

民法一〇四六条一項
「遺留分権利者及びその承継人は、受遺者（特定財産承継遺言により財産を承継しまたは相続分の指定を受けた相続人を含む。以下この章において同じ。）または受贈者に対し、遺留分侵害額に相当する金銭の支払を請求することができる。」
民法一〇四九条一項
「相続の開始前における遺留分の放棄は、家庭裁判所の許可を受けたときに限り、その効力を生ずる。」
被相続人の死後は意思表示のみで遺留分を放棄できるのに対して、被相続人の生前に遺留分を放棄するには家庭裁判所による許可を必要とするものであるが、東京高判平成四年二月二四日[3]は、共同相続人である兄弟による遺留分の事前放棄が約定されていた場合、家庭裁判所の許可の審判を経ていなかったとしても、被相続人の遺言によりほとんど唯一の遺産というべき高価な土地を取得した相続人に対して兄弟からなされた遺留分侵害額の請求（当時は遺留分減殺請求と呼ばれた）は信義誠実の原則に反するものであり、権利の濫用にあたるとした。東京地判平成一一年八月二七日[4]も、裁判上の和解で遺留分の放棄に合意したが、まだ家庭裁判所の許可を得てないからといって、遺留分侵害額の請求権を行使することは、和解の合意に反し、著しく信義誠実の原則に反しているとした。

1　民集五二巻一号三八頁。
2　金融法務事情一六九四号六七頁。
3　判例タイムズ八〇三号二三六頁。
4　判例タイムズ一〇三〇号二四二頁。

第二章　民法以外の法律

第一節　民事手続法における信義誠実の原則

民事訴訟の追行と信義誠実の原則

民事訴訟法二条

「裁判所は、民事訴訟が公正かつ迅速に行われるように努め、当事者は、信義に従い誠実に民事訴訟を追行しなければならない」

裁判の当事者間のみならず、当事者と裁判所間においても信義誠実の原則が適用されるとするものであるが、東京高判平成八年一月二三日[1]は、ドイツの裁判所に訴えを提起したものの、契約上の請求権の棄却が確定したにもかかわらず、その判決に対する不服を日本の裁判所に訴えを提起することで解消しようとすることは、訴訟上の信義誠実の原則に反し許されないとした。

共同訴訟と信義誠実の原則

民事訴訟法四〇条三項
「第一項に規定する場合において、共同訴訟人の一人について訴訟手続の中断または中止の原因があるときは、その中断または中止は、全員についてその効力を生ずる。」
民事訴訟法一二四条一項一号
「次の各号に掲げる事由があるときは、訴訟手続は、中断する。この場合においては、それぞれ当該各号に定める者は、訴訟手続を受け継がなければならない。
一　当事者の死亡
相続人、相続財産管理人その他法令により訴訟を続行すべき者」

訴訟の当事者が死亡すると訴訟手続が中断し、承継人などの受継申立てによって手続が続行されるが、最判昭和三四年三月二六日[2]は、訴訟手続が必要的共同訴訟人の一人の死亡によって中断となったが、その死亡者の受継手続をすべき者が他の共同訴訟人の中にいたにもかかわらず、その者が何らその手続を取らないままその後の訴訟行為をしておきながら、自らの訴訟行為の無効を主張することは訴訟経済上、また訴訟上の信義誠実の原則からも許されないとした。

また最判昭和四一年七月一四日[3]も、訴状に被告と表示された者が、訴状の提出から送達されるまでの間に死亡した場合、その相続人三名が訴訟を承継する手続をとり、これを承継したものとして当初から何も異議を述べず、

1　東京高等裁判所（民事）判決時報四七巻一〜一二号一頁。
2　民集一三巻四号四九三頁。
3　民集二〇巻六号一一七三頁。

一審、二審の訴訟行為を自ら進んで行っていたにもかかわらず、いまさら訴訟の被告が死んだ者であって、訴訟当事者ではありえないと主張して自らの訴訟行為の無効を主張することは信義誠実の原則により許されないとした。

既判力と信義誠実の原則

民事訴訟法一一四条一項

「確定判決は、主文に包含するものに限り、既判力を有する。」

既判力とは一度判決が確定すれば、その後において同一の当事者間で同一事項が訴訟上で問題となったとしても、当事者はこれに反する主張ができず、また裁判所もそれに抵触する内容の裁判ができないという拘束力のことをいうが、最判昭和五一年九月三〇日[1]は、自作農創設特別措置法により農地の買収処分がされた者の相続人が、農地を取戻すために農地の所有者に対して買戻しをしたことを原因として所有権移転登記手続請求訴訟を提起したが、請求棄却の判決を受けて確定した後に、さらに買収処分の無効を原因として農地所有者に対して所有権移転登記手続請求の訴えを提起した場合、後訴が実質的に前訴のむし返しであり、かつ、後訴提起時点で買収処分後約二〇年経過していたなどの事情があるときは、後訴の提起が信義誠実の原則に反し許されないとした。

最判平成一〇年六月一二日[2]は、業務委託契約の報酬一二億円のうち一億円の支払を求めて敗訴した受託者が、その直後に前訴で請求した一億円を除く約三億円の支払を求めて訴えを提起することは、特段の事情がない限り、信義誠実の原則に反して許されないとした。

訴訟手続の中断・中止の効果と信義誠実の原則

民事訴訟法一三二条二項

「訴訟手続の中断または中止があったときは、期間は、進行を停止する。この場合においては、訴訟手続の受継の通知またはその続行の時から、新たに全期間の進行を始める。」

訴訟手続が中断または中止されると、その事由が解消されるまで訴訟手続の進行を停止するというものであるが、最判昭和六三年四月一四日[3]は、土地の所有権をめぐる裁判中に戦争が勃発して裁判記録が焼失し、経済的な理由で裁判所に記録再製を要請せずに、三五年にわたって訴訟手続の休止状態が続いていたが、後に訴訟が終了した形跡がないことを発見した当事者が、土地の一部を買い受けて登記の抹消を請求してきた相手方に対して再度訴訟追行権を行使することは信義誠実の原則に反するとした。

防御方法の提出と信義誠実の原則

民事訴訟法一五六条

「攻撃または防御の方法は、訴訟の進行状況に応じ適切な時期に提出しなければならない。」

民事訴訟において、その判決の基礎となるべき主張や証拠の申し立てのうち、原告が提出するものを攻撃方法といい、被告が提出するものを防御方法というが、最判昭和五一年三月二三日[4]は、訴訟において売主が売買の無

1　民集三〇巻八号七九九頁。
2　民集五二巻四号一一四七頁。
3　判例タイムズ六八三号六二頁。
4　判例時報八一六号四八頁。

効、取消し、解除の効果を争うと主張をしたので、買主が以前に主張した契約の無効等を撤回して代金を供託して売買契約の履行を求めて再反訴請求したところ、売主が一転して以前に自らが否認した売買契約の取消、解除を抗弁事実として主張した場合、そのような防御方法をとる売主の態度は、訴訟上の信義誠実の原則に著しく反し許されないとした。

自白の撤回と信義誠実の原則

民事訴訟法一七九条
「裁判所において当事者が自白した事実及び顕著な事実は、証明することを要しない。」
民事訴訟における自白とは、相手方の主張と一致する自己にとって不利益な事実を認める旨の陳述をすることをいうが、東京地判平成一三年一〇月三一日[1]は、調停において建物賃貸借契約の面積を一一三平米であるとしていたにもかかわらず、本件訴訟の第一回口頭弁論期日では一一八平米であると認め、その後もこれを前提に六回の弁論準備期日および四回の和解期日を経て鑑定を終了した後に、再度一一三平米であると主張することは訴訟当事者に要請される信義誠実の原則に反するとした。

民事執行と信義誠実の原則

民事執行法三八条一項
「強制執行の目的物について所有権その他目的物の譲渡または引渡しを妨げる権利を有する第三者は、債権者に対し、その強制執行の不許を求めるために、第三者異議の訴えを提起することができる。」
第三者異議の訴えとは強制執行の目的物について自己の所有権などを主張して債権者に対して執行の阻止、排除を求める訴えのことであるが、最判昭和四一年二月一日[2]は、執行債務者の住所で動産仮差押を行う際に、第三者が「執行債務者から机や椅子を預かっている。自分がそこへ案内するからそれを差し押さえてくれ」といい、執行債務者も「そうしてくれ」といって、執行官に第三者の所有物の仮差押えをさせておきながら、後に自己の所有権に基づいて第三者異議の訴えを提起することは信義誠実の原則により許されないとした。

第二節　消費者法における信義誠実の原則

賃貸人の修繕義務と信義誠実の原則

民法六〇六条一項

「賃貸人は、賃貸物の使用及び収益に必要な修繕をする義務を負う。ただし、賃借人の責めに帰すべき事由によってその修繕が必要となったときは、この限りでない。」

消費者契約法一〇条

「消費者の不作為をもって当該消費者が新たな消費者契約の申込みまたはその承諾の意思表示をしたものとみなす条項その他の法令中の公の秩序に関しない規定の適用による場合に比して消費者の権利を制限しまたは消費者の義務を加重する消費者契約の条項であって、民法第一条第二項に規定する基本原則に反して消費者の利益を一

1　判例タイムズ一一一八号二六〇頁。
2　民集二〇巻二号一七九頁。

方的に害するものは、無効とする。」

消費者契約では事業者と消費者との間に情報量や交渉力に差があることから、消費者の利益を一方的に害する条項を無効とするものであるが、京都地判平成二〇年四月三〇日[1]は、賃借人は原則として賃借物に対する故意または重過失による汚損及び損耗の回復につき負担すれば足り、賃料以外に通常損耗の回復費用を払う必要はないから、マンション賃貸借契約に際して取り決められた定額補修分担金特約は、賃借人の義務を加重し、信義誠実の原則に反して賃借人の利益を一方的に害するものであって、消費者契約法一〇条に違反し無効であるとした。

準委任契約の解除と信義誠実の原則

消費者契約法一〇条と準委任契約との関係について、東京地判平成一五年一一月一〇日[2]は、医学部専門の進学塾「アムス」の冬期講習受講契約及び年間模試受験契約について、申込者からの解除を一切認めないとする解除制限の約定は、準委任契約を当事者がいつでも解除することができるとする民法の規定に比べると信義誠実の原則に反して消費者の利益を一方的に害するものであり無効とした。

抗弁権の接続と信義誠実の原則

抗弁権の接続、例えばクレジット契約で商品を購入したものの、商品が引渡されないときに、信販会社からのクレジットの支払請求を拒否することができるかどうかが問題となっていた。これについて、千葉地判昭和五六年四月二八日[3]は、売主が倒産し、売買の目的物である自動車が買主に引き渡されていない場合において、その自動車の売買代金を立て替えた割賦販売あっせん業者が倒産した売主と代理店等の契約を締結していたことから、倒産した売主の信用力を十分に調査することができ、また信義誠実の原則に基づき売主と割賦販売あっせん業者は同じ関係に立つので、買主に対して立替金を請求できないとした。名古屋高判昭和六〇年九月二六日[4]も、「海外旅行」につられてクレジットカードで買った英語教材一式の売買契約が無効となった場合に、クレジット会社と英語教材の販売業者に経済的な密接な連携関係があり、販売業者が商品を販売するだけでなく立替払契約の締結の手続をすべて代行していたので、売買契約が無効となったにもかかわらず、立替払契約に基づく割賦金の支払のみを存続させること、すなわち販売会社に主張できる契約の無効をクレジット会社に主張できないとすることは信義誠実の原則に反するとした。

その後、一九八四年に割賦販売法三〇条の四が新設され、一定の要件の下であっせん業者への抗弁が認められた。

割賦販売法三〇条の四第一項

「購入者または役務の提供を受ける者は、第二条第三項第一号に規定する包括信用購入あっせんに係る購入または受領の方法により購入した商品若しくは指定権利または受領する役務に係る第三十条の二の三第一項第二号の支払分の支払の請求を受けたときは、当該商品若しくは当該指定権利の販売につきそれを販売した包括信用購入あっせん関係販売業者または当該役務の提供につきそれを提供する包括信用購入あっせん関係役務提供事業者に対して生じている事由をもつて、当該支払の請求をする包括信用購入あっせん業者に対抗することができる。」

これに対して東京地判平成五年一一月二六日[5]は、自動車販売業者に頼まれて、しかたなくその友人は自動車を

1　判例タイムズ一二八一号三一六頁。
2　判例タイムズ一一六四号一五三頁。
3　下民集三二巻一～四号三一三頁。
4　判例タイムズ五六八号七〇頁。
5　判例タイムズ八七一号二四七頁。

購入していないにもかかわらず、業者の作成した立替払契約書の契約者欄に自ら署名押印した上で、クレジット会社からの意思確認についても肯定的な返事をして、クレジット会社から販売業者に代金が立替払された場合、友人が自動車の引渡しがないことを理由に販売業者に支払停止の抗弁を主張したとしても、自ら名義貸しを行っていたにもかかわらず、支払停止の抗弁を用いてクレジット会社に対する契約上の責任を免れようとすることは信義誠実の原則に反するとした。

第三節　労働関係法における信義誠実の原則

採用内々定の取消しと信義誠実の原則

民法六二三条

「雇用は、当事者の一方が相手方に対して労働に従事することを約し、相手方がこれに対してその報酬を与えることを約することによって、その効力を生ずる。」

労働契約法六条

「労働契約は、労働者が使用者に使用されて労働し、使用者がこれに対して賃金を支払うことについて、労働者及び使用者が合意することによって成立する。」

一般的に内定とは、企業からの「採用通知」に対して学生が「入社承諾書」を提出することで労働契約が成立しているとするものであるが、内々定では労働契約が成立していない状態のことを指すとされる。しかし、福岡高判平成二三年三月一〇日[1]は、学生が企業から内々定をもらった後に就職活動を停止して、労働契約が確実に締結されるであろうという期待が法的に保護に値する程度に高まっていたにもかかわらず、採用内定通知書授与の日の数日前に内々定が取り消された場合、会社は誠実な態度で対応したとは言えないので、学生が被った精神的損害について賠償しなければならないとした[2]。

労働契約上の安全配慮義務と信義誠実の原則

労働契約法五条
「使用者は、労働契約に伴い、労働者がその生命、身体等の安全を確保しつつ労働することができるよう、必要な配慮をするものとする。」

従業員が職場において安全で健康に働けるように配慮する義務について、労働契約法五条が制定される以前は、最判昭和五〇年二月二五日[3]が、自衛隊員が服務中に大型自動車にひかれて死亡した場合に、国は公務員に対し公務遂行のために設置すべき場所、施設もしくは器具等の設置及び健康等を危険から保護するよう配慮すべき義務を負い、この安全配慮義務はある法律関係に基づいて特別な社会的接触の関係に入った当事者間において、その法律関係の付随義務として当事者の一方または双方が相手方に対して信義誠実の原則に基づいて負う義務として一般的に認められるとしていた。

山形地判昭和五一年二月九日[4]は、従業員が麺類の製造作業中に内部に付着したゴミ等を除去しようとして大型

1　労働判例一〇二〇号八二頁。
2　一審については、拙稿「採用内々定の取消しと信義誠実の原則」帝塚山法学二一号（二〇一〇年）一四四頁以下を参照。
3　民集二九巻二号一四三頁。
4　判例時報八四四号七二頁。

ミキサーに巻込まれて死亡した場合に、使用者には従業員の生命及び健康等を危険から保護するよう配慮すべき義務、いわゆる安全配慮義務があり、それはある法律関係に基づいて特別な社会的接触の関係に入った当事者間において、法律関係の付随義務として当事者の一方または双方が相手方に対して信義誠実の原則に基づく義務として一般的に認められるべきもので、運転中にゴミを発見すれば除去する行為で事故が生じることは使用者にとって予見可能であり、開口部に蓋をしてゴミ等が混入しないようにしていたならば事故が生じることもなかったのにもかかわらず防止措置を怠ったのであるから、使用者には安全配慮義務の不履行があり、従業員の損害を賠償する責任を負うとした。

その後、名古屋地判平成二〇年一〇月三〇日[1]でも、デンソーの従業員がトヨタ自動車への長期出張中にうつ病を発症し、後にデンソーに復職したが、再度うつ病に罹患したので、両社に対して損害賠償を請求したときに、出張先のトヨタについては信義誠実の原則に基づき従業員の業務管理に当たりその生命及び健康等を危険から保護するように配慮すべき安全配慮義務を、出張させた雇用主のデンソーには、雇用契約上の付随義務として、健康上の安全配慮義務を負っており、客観的過重労働に至らないまでも、相当程度過重な労働によって従業員が被った損害について賠償すべき義務があるとした。

経歴詐称による解雇と信義誠実の原則

労働基準法二〇条一項

「使用者は、労働者を解雇しようとする場合においては、少くとも三十日前にその予告をしなければならない。三十日前に予告をしない使用者は、三十日分以上の平均賃金を支払わなければならない。但し、天災事変その他やむを得ない事由のために事業の継続が不可能となった場合または労働者の責に帰すべき事由に基いて解雇する場合においては、この限りでない。」

労働契約法一六条

「解雇は、客観的に合理的な理由を欠き、社会通念上相当であると認められない場合は、その権利を濫用したものとして、無効とする。」

客観的に合理的な理由がなければ解雇が無効となるとするものであるが、東京地決昭和三〇年一〇月二二日[2]は、公職選挙法違反で罰金刑を受けた事実を履歴書に記載しなかったことを理由に懲戒解雇された労働者ついて、労働者が前歴を偽ることは雇用契約締結に際の信義誠実の原則に基づく義務に違反するものであって、その義務違反すなわち経歴詐称がなかったならば雇用契約が締結されなかったであろうという因果関係がその雇用契約に即して社会的に妥当であると認められる程度に重大である場合には、経歴詐称を理由とする解雇は適法であるとした。名古屋高判昭和五一年一二月二三日[3]もタクシー運転手の経験者を採用しない方針をとっている会社が、その経験を偽った運転手を経歴詐称として懲戒解雇したのを有効とした際に、解雇された従業員が以前の会社でタクシー乗務員の経験があり、また同社を懲戒解雇された事実を隠蔽したことは重大な経歴詐称に当たるとともに、このことは単に契約締結時における信義誠実の原則に違反するにとどまらず、入社後においても企業内における労使間の信頼関係を損ない、経営秩序を乱す危険が極めて強いものというべきであると述べていた。

逆に、松山地判昭和四二年八月二五日[4]は、欠勤中に他社で就労していた運転手に対する懲戒解雇が正当である

1　労働判例九七八号一六頁。
2　労働関係民事裁判例集六巻六号七八八頁。
3　労働判例二六九号五八頁。
4　判例タイムズ二一八号二三一頁。

とした際に、二重雇用は、およそ人と人との信頼関係をもって初めてその成立と継続が可能となる労働契約の性質を考えれば、雇用関係の継続を著しく困難ならしめるほど重大に信義誠実の原則に違反しているとした。

解雇無効の主張と信義誠実の原則

労働者による解雇無効の主張に関して、名古屋高判昭和五三年三月一四日[1]は、愛知県職員が解雇後、一〇年以上経過した後に解雇処分の無効を主張することは、仮に解雇処分に手続上の不備が存在したとしても、労働関係上の権利の行使としては恣意的で相手方の信頼を裏切るものなので信義誠実の原則に反するとした。大阪高判昭和四五年四月三〇日[2]も、解雇予告手当及び退職金を異議なく受け取った後、七年たって解雇無効の訴えを提起することは禁反言の法理及び信義誠実の原則から許されないとした。

整理解雇と信義誠実の原則

整理解雇とは経営悪化による人員整理を行うための解雇のことであるが、新潟地判昭和四四年一〇月七日[3]は、使用者は人員整理（解雇）の必要がある場合であっても、その対象者の選定に当たっては主観的恣意的な選定に陥らないよう客観的合理的な基準に基づいてその選定をなすべき信義誠実の原則に基づく義務があり、これに違反した解雇権の行使は権利の濫用として無効とした。長崎地大村支判昭和五〇年一二月二四日[4]も、使用者が整理解雇をするに当たっては、労働契約上の信義誠実の原則により導かれる一定の制約に服するものと解すべきで、解雇の必要性、解雇回避努力、手続の相当性、人選の妥当性の四要件をすべて満たさない解雇の意思表示は解雇権の濫用として無効であるとした。また富山地砺波支判昭和五六年三月三一日[5]は、企業が整理解雇をなすにあたっては、労働契約を支配する信義誠実の原則から、整理解雇の四要件を具備することが必要であり、これを一つでも充たさない整理解雇は信義誠実の原則に反し、解雇権の濫用として無効とした。

配置転換と信義誠実の原則

労働契約法七条
「労働者及び使用者が労働契約を締結する場合において、使用者が合理的な労働条件が定められている就業規則を労働者に周知させていた場合には、労働契約の内容は、その就業規則で定める労働条件によるものとする。ただし、労働契約において、労働者及び使用者が就業規則の内容と異なる労働条件を合意していた部分については、第十二条に該当する場合を除き、この限りでない。」

配置転換とは企業内において構成員の仕事の場所や内容などを転換することをいうが、高知地決昭和四四年一一月一五日[6]は、高知放送局が本社の報道部に勤務していた新婚の従業員に対して別居を余儀なくさせる大阪支社営業部への勤務を命じる配置転換命令を発したときに、使用者は特別の合意がない限り勤務上の必要性に基づいて一方的に従業員の配置転換を決定することができるが、これによる職種ないし職場の変更は労働者の生活関係に重大な影響を与えることがあるので、使用者の権限の行使も労使間を規律する信義誠実の原則に照らして判断されるべきであるとして、その配置転換命令を無効とした。

1　判例時報八八八号一一六頁。
2　判例タイムズ二五二号二八一頁。
3　労働関係民事裁判例集二〇巻五号一二五七頁。
4　判例時報八一三号九八頁。
5　労働判例三六八号五二頁。
6　労働関係民事裁判例集二〇巻六号一四七六頁。

就業規則の不利益変更と信義誠実の原則

労働基準法八九条
「常時一〇人以上の労働者を使用する使用者は、次に掲げる事項について就業規則を作成し、行政官庁に届け出なければならない。次に掲げる事項を変更した場合においても、同様とする。（以下省略）」
労働契約法九条
「使用者は、労働者と合意することなく、就業規則を変更することにより、労働者の不利益に労働契約の内容である労働条件を変更することはできない。ただし、次条の場合は、この限りでない。」
就業規則とは、事業場ごとに作成される使用者と従業員との間の雇用に関するルールを定めたものであるが、大阪地決昭和五二年三月二三日[1]は、東香里病院が定年制を採用していなかったにもかかわらず、就業規則を変更して六〇歳定年制を導入した場合に、従業員の若返りを目的とするというよりはむしろ、組合対策を狙ったものであったとすれば、定年制を新たに採用した就業規則の変更は信義誠実の原則に反し、権利の濫用にあたるとした。

神戸地判昭和五六年三月一三日[2]も、労働組合の弱体化を狙って定年に関する就業規則を変更することで、労働者の既得の権利を奪い、労働者に不利益な労働条件を一方的に課すことは、それが合理的なものでない限り、信義誠実の原則に反し、権利の濫用にあたるとした。

労働契約の反復更新と信義誠実の原則

労働契約法一七条二項
「使用者は、有期労働契約について、その有期労働契約により労働者を使用する目的に照らして、必要以上に短い期間を定めることにより、その有期労働契約を反復して更新することのないよう配慮しなければならない。」

期間の定めのある労働契約の更新を繰り返した場合について、最判昭和四九年七月二二日[3]は、東芝電気との間で臨時従業員として契約期間が二カ月であることを前提に労働契約書を取り交わして入社した者が、その後に二三回にわたって会社との契約が更新されていた場合、単に期間が満了したという理由だけでは会社が雇止めを行わないということを従業員が期待し、信頼するはずであり、また、このような相互関係の下で労働契約関係が存続、維持されてきたものなので、特段の事情がない限り期間満了を理由として雇止めをすることは、信義誠実の原則に従い許されないとした。

賃金の消滅時効と信義誠実の原則

労働基準法一一五条

「この法律の規定による賃金の請求権はこれを行使することができる時から五年間、この法律の規定による災害補償その他の請求権（賃金の請求権を除く。）はこれを行使することができる時から二年間行わない場合においては、時効によって消滅する。」

給料の消滅時効について、青森地判平成一七年三月二五日[4]は、六〇歳定年制を採用していたみちのく銀行において五五歳以上の行員を対象に専任職制度を導入する旨の就業規則の変更がなされたが、これに同意しなかった

1　労働判例二七九号五六頁。
2　労働判例三六三号五八頁。
3　民集二八巻五号九二七頁。
4　判例タイムズ一二二二号一九一頁。

従業員ら一五名が定年退職までの差額の賃金を求めると銀行が消滅時効を援用したという事件で、第二次訴訟が第一次訴訟の終結まで事実上審理が停止されており、第一次訴訟の結果に従って第二次訴訟を解決するとの意図を双方が有していると推認され、また第三次訴訟が第一訴訟終結後二カ月ほどで提起されていることを考慮すると、第三次訴訟において従業員らが権利の上に眠っていた者と評価するのは相当ではなく、銀行による消滅時効の援用は信義誠実の原則に反し許されないとした。

ボーナスの支給と信義誠実の原則

労働組合法一四条

「労働組合と使用者またはその団体との間の労働条件その他に関する労働協約は、書面に作成し、両当事者が署名し、または記名押印することによってその効力を生ずる。」

ボーナスの支給をめぐる団体交渉に関して、千葉地決平成一四年一一月一九日[1]は、ノースウエスト航空が夏季賞与について定期昇給なしとの条件を承諾すれば例年通りの率をもって支給する旨をノースウエスト航空日本支社労働組合に提示したが、組合側が受諾できないと回答したので夏季賞与が支給されずにいたところ、組合員三四二名がノースウエスト航空に対して総額約四億円の一時金の仮払いを求めて仮処分を申し立てたという事件で、会社が一時金の支払いに前提条件を付けること自体が信義誠実の原則に反すると認められる場合には、組合員による一時金の請求権が認められるとした。

労働金庫の会員でない者への貸付と信義誠実の原則

労働金庫法五八条一項

「金庫は、次に掲げる業務及びこれに付随する業務を行うものとする。
一　会員の預金又は定期積金の受入れ
二　会員に対する資金の貸付け
三　会員のためにする手形の割引」

労働金庫とは労働組合や生活協同組合などが会員となって出資を行い、会員にサービスを提供することを目的としている非営利組織であるが、最判昭和四四年七月四日[2]は、労働金庫の会員でない者に対する貸付は無効であるものの、自ら虚偽の従業員組合の結成手続を行って労働金庫から貸付を受けた者が、その担保として提供した不動産の抵当権が実行されたときに、員外貸付の無効を理由に抵当権の無効を主張することは信義誠実の原則により許されないとした。

第四節　商事法における信義誠実の原則

曳船契約と信義誠実の原則

商法七九二条一項

「船舶または積荷その他の船舶内にある物の全部または一部が海難に遭遇した場合において、これを救助した者

1　労働判例八四一号一五頁。
2　民集二三巻八号一三四七頁。

があるときは、その者は、契約に基づかないで救助したときであっても、その結果に対して救助料の支払を請求することができる。」

海難があった場合において救助を奨励するため、義務なくして救助した者に救助料の請求権が与えられるとするものであるが、最判昭和四九年九月二六日[1]は、曳船契約による曳船中に被曳船に浸水があることに気づいた曳船の船長が乗組員に排水作業を指示して発生した海難救助料について、曳船の所有者は通常生ずるとは言えない異常な事態が生じたために、曳船作業に予想を超える労力あるいは費用を要したとしても、自船に急迫な危険が及ばない限り、原則として被曳船の陥った危険に対しても信義誠実の原則に基づいて相当と認められる程度の適切な処置をとるべき契約上の義務を負担するので、海難救助料の支払を求めることができないとした。

会社の法人格の否認と信義誠実の原則

会社法三条

「会社は、法人とする。」

会社の法人格に関して、福岡高判昭和四三年一〇月一六日[2]は、会社解散後に同じ商号で実体も同じ新会社が、旧会社の債務を免れるために設立された場合、信義誠実の原則に基づき、旧会社と新会社とが別人格を有することを主張できないとした。また、最判昭和四八年一〇月二六日[3]も、旧会社が賃借している建物の明渡しと延滞賃料等の債務を免れるために、商号、代表取締役、営業目的、従業員などが旧会社と同一の新会社を設立した場合、新会社は取引の相手方に対して信義誠実の原則に基づき、新旧両会社が別人格であることを主張できないとした。

株式の譲渡と信義誠実の原則

会社法一三〇条一項

「株式の譲渡は、その株式を取得した者の氏名または名称及び住所を株主名簿に記載し、または記録しなければ、株式会社その他の第三者に対抗することができない。」

株式の譲渡に関して、大判大正一四年七月三日[4]は、株式に伴う名義書換については信義誠実の原則に従って当事者双方が協力する義務を負うとした。大判昭和三年七月六日[5]は、株式の譲渡について譲受人が譲渡人と共にその株主名簿の書換を会社に請求したが、会社が正当な理由なくその請求に応じなかったにもかかわらず、いまだ名義書換がないことを理由に譲受人が株主でないと会社が主張することは、信義誠実の原則に反するとした。大判昭和一五年八月三〇日[6]は、株式の取引に関する受託者からの疑問について委託者が答えずに放置していたにもかかわらず、その後の相場の上昇によって委託者が利益を得られなかったことについて、受託者の些細な手違いを責めて契約の解除を主張することは信義誠実の原則に反するとした。

株主総会の決議と信義誠実の原則

会社法の施行に伴う関係法律の整備等に関する法律九条一項

1 民集二八巻六号一三三一頁。
2 下民集一九巻九・一〇号六〇七頁。
3 民集二七巻九号一二四〇頁。
4 民集四巻三九五頁。
5 民集七巻五四六頁。
6 法律新聞四六二〇号一〇頁。

「特例有限会社の定款には、その発行する全部の株式の内容として当該株式を譲渡により取得することについて当該特例有限会社の承認を要する旨及び当該特例有限会社の株主が当該株式を譲渡により取得する場合においては当該特例有限会社が会社法第百三十六条または第百三十七条第一項の承認をしたものとみなす旨の定めがあるものとみなす。」

会社法一三六条

「譲渡制限株式の株主は、その有する譲渡制限株式を他人（当該譲渡制限株式を発行した株式会社を除く。）に譲り渡そうとするときは、当該株式会社に対し、当該他人が当該譲渡制限株式を取得することについて承認をするか否かの決定をすることを請求することができる。」

会社法一三九条一項

「株式会社が第百三十六条または第百三十七条第一項の承認をするか否かの決定をするには、株主総会（取締役会設置会社にあっては、取締役会）の決議によらなければならない。ただし、定款に別段の定めがある場合は、この限りでない。」

旧有限会社の持分を社員でない者に譲渡するには社員総会の承認が必要であったところ、最判昭和五三年七月一〇日[1]は、薬を取り扱う有限会社の経営の実権を握っていた者が、第三者に対して自己の社員持分全部を相当の対価で譲渡し、自らは経営から手を引いていたが、三年たった後に、それまで社員総会を開いて持分譲渡の承認を受けることが容易であったにもかかわらず、社員持分譲渡を承認する社員総会決議及びこれを前提とする役員選任等に関する社員総会決議がないことを理由に、社員総会決議の不存在確認の訴えを提起するのは、第三者に対して甚だしく信義誠実の原則に反しており、道義上是認しえないとした。

取締役会の承認と信義誠実の原則

会社法三五六条一項

「取締役は、次に掲げる場合には、株主総会において、当該取引につき重要な事実を開示し、その承認を受けなければならない。

一　取締役が自己または第三者のために株式会社の事業の部類に属する取引をしようとするとき。

二　取締役が自己または第三者のために株式会社と取引をしようとするとき。

三　株式会社が取締役の債務を保証することその他取締役以外の者との間において株式会社と当該取締役との利益が相反する取引をしようとするとき。」

会社法三六五条一項

「取締役会設置会社における第三五六条の規定の適用については、同条第一項中「株主総会」とあるのは、「取締役会」とする。」

会社と取締役との間で承認を得ずに行われた利益相反取引は無効とされるが、最判昭和五〇年一二月二五日[2]は、五〇〇〇万円の貸主と借主が共に新会社を設立して、両者とも取締役に就任し、借主の債務を会社に引き受けさせておきながら（借主は連帯保証人となる）、貸主が取締役を辞任した後で会社と連帯保証人に残額の履行を請求した時に、借主が取締役と会社との間の取引につき取締役会の承認がないことを理由に債務引受の無効を主張することは信義誠実の原則に反するとした。

1　民集三二巻五号八八八頁。

2　金融法務事情七八〇号三三頁。

事業譲渡契約と信義誠実の原則

会社法四六七条一項

「株式会社は、次に掲げる行為をする場合には、当該行為がその効力を生ずる日（以下この章において「効力発生日」という。）の前日までに、株主総会の決議によって、当該行為に係る契約の承認を受けなければならない。

一　事業の全部の譲渡（以下略）」

事業譲渡には株主総会の決議が必要とされるが、最判昭和六一年九月一一日[1]は、株主総会の承認手続を経ていない事業譲渡について、事業を譲り受けた会社が事業譲渡契約の締結から約二〇年たって初めてその無効を主張した場合、それまでに両会社の株主や債権者などの利害関係人から問題とされたことがないという事情の下では、譲受人が承認手続違反を口実にして、遅滞に陥っている事業譲渡契約に基づく自己の残債務の履行を拒むという目的のために、事業譲渡の無効を主張することは信義誠実の原則に反し許されないとした。

保険契約における説明義務と信義誠実の原則

保険業法二九四条一項

「保険会社等若しくは外国保険会社等、これらの役員、保険募集人または保険仲立人若しくはその役員若しくは使用人は、保険契約の締結、保険募集または自らが締結した若しくは保険募集を行った団体保険に係る保険契約に加入することを勧誘する行為その他の当該保険契約に加入させるための行為に関し、保険契約者等の保護に資するため、内閣府令で定めるところにより、保険契約の内容その他保険契約者等に参考となるべき情報の提供を行わなければならない。ただし、保険契約者等の保護に欠けるおそれがないものとして内閣府令で定める場合は、この限りでない。」

保険募集人に対して情報提供義務を課したものであるが、大阪地判平成九年七月三一日[2]は、第一勧業銀行の従業員から「相続税対策」のために銀行から資金を借りて変額生命保険に加入するように勧誘されて、十分な説明を受けないまま変額生命保険契約を締結した者が、後に被った損害の賠償を求めた時に、銀行は信義誠実の原則に基づき、変額保険の内容、危険性についても説明すべき義務を負うとした。

神戸地判平成一五年六月二七日[3]は、漁船の事故を保険事故とする漁船普通損害保険契約を締結していた漁船の所有者が、他の船との衝突事故によって損傷を受け、計六回の修理を行ったものの異常な船体の振動等により安全な操業が不可能となったので、保険組合に保険金を請求したときに、保険組合の担当者が安上がりの修繕方法でないと保険金をださないという態度に終始していたという経緯があったことから、保険組合は信義誠実の原則に基づき保険金の支払義務があるとした。

大阪高判平成一六年五月二七日[4]は、高度障害保険特約付生命保険に加入していた者が身体障害者等級第一級に認定されたことから、第一生命保険の支部長に相談したところ「高度障害保険金をもらうと、契約が終了し、今度入院したときに入院給付金がもらえなくなるから、このまま保険に入り続けて、まとまったお金が必要になったときに高度障害保険金を請求した方がいい」と言われたので請求を先延ばししていたにもかかわらず、その後に保険会社が高度障害保険金請求権の支払要件を充足していないと主張して支払請求を拒否することは信義誠実の原則に反するとした。

1　判例タイムズ六二四号一二七頁。
2　判例時報一六四五号九八頁。
3　裁判所ウェブサイト
4　金融・商事判例一一九八号四八頁。

東京地判平成一七年一月一四日[1]は、集団扱定期保険が廃止され個人扱定期保険に変更されたときに、保険契約者に保険契約の継続の意思を確認しておらず、またその経過について知る機会を与えていなければ、保険契約者は常に保険料及びその払込経路の変更による保険料不払いとそれに伴う権利失効の危険にさらされることになるので、ティ・アンド・ディ・フィナンシャル生命保険は信義誠実の原則に基づいて、あるいは契約上の付随義務として、集団構成員である保険契約者に対し、契約条件に変更が生じることを通知する必要があり、そのような通知のない変更は保険契約者に対抗できないとした。

生命保険契約における虚偽記載と信義誠実の原則

保険法三七条

「保険契約者または被保険者になる者は、生命保険契約の締結に際し、保険事故（被保険者の死亡または一定の時点における生存をいう。以下この章において同じ。）の発生の可能性に関する重要な事項のうち保険者になる者が告知を求めたものについて、事実の告知をしなければならない。」

生命保険に加入する際に、保険会社が告知を求めた事項に応答する義務があるとするものであるが、東京高判平成一一年九月二一日[2]は、生命保険金の受取人として指定された者が保険会社の保険募集人（保険外務員）でもあり、その者が保険契約者に代わって作成した契約申込書には、第三者の受取人の審査を通過するために内縁で二年から三年にわたって同居している旨の虚偽の記載をしていた場合、その募集人が保険金を請求するのは信義誠実の原則に反し許されないとした。

金融商品取引と信義誠実の原則

金融商品取引法三七条の三第一項五号

「金融商品取引業者等は、金融商品取引契約を締結しようとするときは、内閣府令で定めるところにより、あらかじめ、顧客に対し、次に掲げる事項を記載した書面を交付しなければならない。ただし、投資者の保護に支障を生ずることがない場合として内閣府令で定める場合は、この限りでない。

（省略）

五　顧客が行う金融商品取引行為について金利、通貨の価格、金融商品市場における相場その他の指標に係る変動により損失が生ずることとなるおそれがあるときは、その旨」

金融商品取引契約を締結する前の書面交付義務に関するものであるが、大阪地判平成七年一二月五日[3]は、勧角証券の顧客が明らかにワラントの仕組みについて誤解しており、これによって損害を受ける可能性が高い場合には、証券会社には信義誠実の原則に基づき、その誤解をとき合理的な判断ができるように助言する義務があり、これに違反した場合には不法行為上の損害賠償責任を負うとした。

大阪地堺支判平成九年五月一四日[4]も、野村證券の社員からワラント証券を購入した者が、購入時に電話で二〇～三〇分程度の概略的な説明を受けたにすぎず、事前に説明書も交付されず、投機性が高くて権利行使期限を経

1　判例タイムズ一一三〇号二七二頁。
2　金融・商事判例一〇八〇号三〇頁。
3　証券取引被害判例セレクト三巻二八六頁。
4　金融・商事判例一〇二六号三六頁。

過すると無価値となるなどの十分な説明を受けなかったことにより損害を受けた場合、証券会社には信義誠実の原則に基づく助言義務があり、この義務に違反すれば不法行為に基づく損害賠償責任を負うとした。

先物取引と信義誠実の原則

商品先物取引法二四〇条の一八第一項

「商品先物取引仲介業者は、商品先物取引仲介行為を行おうとする場合には、主務省令で定めるところにより、あらかじめ、顧客に対し、第二百十七条第一項各号に掲げる事項について説明をしなければならない。ただし、第二百十八条第三項の規定により説明をすることを要しない場合は、この限りでない。」

商品先物取引契約における説明義務に関するものであるが、大阪地判平成九年五月一二日[1]は、取引経験のない顧客から金地金や白金地金等の先物取引を委託されたミリオン貿易株式会社が、信義誠実の原則に基づき商品先物取引を勧誘するにあたって取引の危険性を十分に理解し得る程度に取引の仕組みを説明すべき義務を負っているにもかかわらず、形式的な説明をしただけで、取引の危険性を十分に理解させるだけの説明義務を怠り、いたずらに両建を続けさせた上、制限枚数二〇枚の二〇数倍にもなる取引をして顧客に損害を与えた場合には、不法行為上の損害賠償責任を負うとした。最判平成二一年一二月一八日[2]は、特定の商品の先物取引について、委託玉と自己玉とを通算した売りの取組高と買いの取組高とが均衡するように自己玉を立てることを繰り返す取引手法を用いる商品取引員が専門的な知識を有しない委託者からその特定の商品の先物取引を受託しようとする場合には、信義誠実の原則に基づきその取引を受託する前に、委託者に対し、その取引手法が一方に利益が生じ他方に損失が生じるという利益相反関係が生じる可能性が高いことを十分に説明すべき義務を負うとした。

東京高判平成三一年三月二八日[3]も、第一商品株式会社の従業員による金及び白金の商品先物取引の勧誘において、利益を確実に取得できると誤認して両建取引を希望した顧客に対して、両建ての仕組みとそのリスクを説明すべきであり、両建てを選択した後も必要に応じて損切りを指導したり早期の手仕舞いを助言したりする等の指導助言義務を信義誠実の原則に基づいて負っているとし、これらの指導助言義務を怠った場合には不法行為上の損害賠償責任を負うとした。

手形法と信義誠実の原則

手形法七〇条一項
「引受人ニ対スル為替手形上ノ請求権ハ満期ノ日ヨリ三年ヲ以テ時効ニ罹ル」
手形法七七条
「左ノ事項ニ関スル為替手形ニ付テノ規定ハ約束手形ノ性質ニ反セザル限リ之ヲ約束手形ニ準用ス
八　時効」

約束手形の振出人への手形金支払請求権の消滅時効は満期から三年とするものであるが、最判昭和五七年七月一五日[4]は、約束手形の裏書人がその所持人に対して自己の償還義務についての時効期間経過後に消滅時効の利益の放棄あるいは債務の承認をした上で、専ら自己に対する信頼に基づいて手形を取得した所持人本人及びその代理人である弁護士に対して、確実にその履行がされるものと期待させながら、後に態度を翻して手形の裏書の効

1　先物取引裁判例集二二巻五四頁。
2　判例タイムズ一三一八号九〇頁。
3　先物取引裁判例集八一巻二三頁。
4　民集三六巻六号一一一三頁。

力を否定したりするなどして、審理を引延しておきながら、振出人に対する手形金請求権の消滅時効が完成すると、それを援用して自己の裏書人としての償還義務も当然に消滅したと主張して義務の履行を免れようとすることは信義誠実の原則に反して許されないとした。

第五節　知的財産法における信義誠実の原則

職務発明に関する相当の対価の支払と信義誠実の原則[1]

特許法三五条四項

「従業者等は、契約、勤務規則その他の定めにより職務発明について使用者等に特許を受ける権利を取得させ、使用者等に特許権を承継させ、若しくは使用者等のため専用実施権を設定したとき、または契約、勤務規則その他の定めにより職務発明について使用者等のため仮専用実施権を設定した場合において、第三十四条の二第二項の規定により専用実施権が設定されたものとみなされたときは、相当の金銭その他の経済上の利益（次項及び第七項において「相当の利益」という。）を受ける権利を有する。」

従業員がその仕事上で行った発明について、発明者である従業員に金銭その他の経済上の利益を受ける権利があるとするものであるが、東京地判平成一六年二月二四日[2]は、味の素の従業員に対して負っていた職務発明に対する相当の対価の支払債務について消滅時効が完成したが、その後に特許報奨規定を定めて報奨金を支払ったことが債務の承認にあたるとして、味の素が相当の対価支払について消滅時効を援用することが信義誠実の原則に照らして許されないとした。

特許発明の技術的範囲と信義誠実の原則

特許法七〇条一項

「特許発明の技術的範囲は、願書に添付した特許請求の範囲の記載に基づいて定めなければならない。」

特許権の効力が及ぶ客観的範囲に関するもので、この技術的範囲に属している他社製品は特許権を侵害しているとされるが、大阪地判昭和五五年二月二九日[3]は、特許権者が発明の出願過程で述べた意思見解は、何人もその記録（包袋）を見ることによって客観的に確知できるのに、そのような見解の下で取得した特許について、特許権者がその権利行使の段階でこれに反する主張をすることは第三者にとって著しく信義誠実の原則に反するので、特許発明の技術的範囲に属しないとし特許権侵害の主張も認められないとした。

商標権と信義誠実の原則

商標法五一条一項

「商標権者が故意に指定商品若しくは指定役務についての登録商標に類似する商標の使用または指定商品若しくは指定役務に類似する商品若しくは役務についての登録商標若しくはこれに類似する商標の使用であって商品の品質若しくは役務の質の誤認または他人の業務に係る商品若しくは役務と混同を生ずるものをしたときは、何人

1　また拙稿「職務発明の相当対価請求権の時効と信義誠実の原則―二つの裁判例を素材として―」帝塚山法学二六号（二〇一四年）二六二頁以下。
2　判例タイムズ一一四七号一一一頁。
3　判例工業所有権法二三〇五の一三七の一〇六〇頁。

も、その商標登録を取り消すことについて審判を請求することができる。」

文字や記号などのマークを出願して登録された商標を独占的に使用し、他人の使用を排除する権利である商標権の登録取消に関するものであるが、最判昭和六一年四月二二日[1]は、登録商標「ユーハイム」を有するユーハイムが、「株式会社ユーハイム・コンフェクト」の商標の使用を認めてその登録異議申立を取り下げる代わりに、一二〇万円の和解金を受け取るとの裁判上の和解が成立していたが、「コンフェクト」の部分を「ユーハイム」の部分より小さく表示したり、二段書きにして使用することについては許していないとして登録商標の取消審判を求めた場合に、商標の禁止権を放棄したユーハイムによる登録商標の登録を取り消す審判を請求することは信義誠実の原則に反し許されないとした。

著作権と信義誠実の原則

著作権法二一条

「著作者は、その著作物を複製する権利を専有する。」

著作権法五九条

「著作者人格権は、著作者の一身に専属し、譲渡することができない。」

著作権とは、思想または感情を創作的に表現したものであって、文芸、学術、美術または音楽の範囲に属するものである著作物を保護するための権利であるが、東京地判平成一三年七月二日[2]は、映画「宇宙戦艦ヤマト・復活編」の著作者と主張する者がその制作を進めてきたが、製作費の資金繰りに困ったため、東北新社との間でその著作権を譲渡する契約を締結したが、その後、東北新社がバンダイと共同してプレイステーション用ソフト「宇宙戦艦ヤマト　遥かなる星イスカンダル」などを制作し販売したことについて、著作者人格権を侵害しているとしてその複製等の差止と損害賠償を求めたときに、その譲渡契約において自らが著作者でないと説明して著作物の著作者の名前のところに別の会社が記載されていたこと、著作者と主張する者が破産宣告を受けて、人格権を除く権利の主張は制限されるに至ったなどの事情から、自らが著作者であること及び東北新社らの行為が著作者人格権を侵害するとの主張は信義誠実の原則ないし禁反言の法理に反するので許されないとした。

第六節　行政法における信義誠実の原則

国家賠償法と信義誠実の原則

国家賠償法一条一項

「国または公共団体の公権力の行使に当る公務員が、その職務を行うについて、故意または過失によって違法に他人に損害を加えたときは、国または公共団体が、これを賠償する責に任ずる。」

公権力の行使に当たる公務員の不法行為によって生じた損害について、国または地方公共団体に賠償責任を負わすという規定であるが、最判昭和五六年一月二七日[3]は、宜野座村の企業誘致施策を信頼して工場建設のための資金・労力を投入した後、誘致施策に反対する新村長による施策変更により工場建設を断念せざるを得なかった場合、当事者間の関係を規律すべき信義衡平の原則に照らし、その施策の変更にあたってはかかる信頼に対して

1　判例タイムズ六一七号七九頁。
2　裁判所ウェブサイト
3　民集三五巻一号三五頁。

法的保護が与えられなければならいとして宜野座村が企業に対して損害賠償責任を負うとした。

租税法と信義誠実の原則

地方税法三四八条二項九号

「固定資産税は、次に掲げる固定資産に対しては課することができない。ただし、固定資産を有料で借り受けた者がこれを次に掲げる固定資産として使用する場合には、当該固定資産の所有者に課することができる。

九　学校法人又は私立学校法第六十四条第四項の法人がその設置する学校において直接保育又は教育の用に供する固定資産（以下省略）」

学校法人が直接保育または教育の用に供する不動産に関して固定資産税を非課税とする規定であるが、東京地判昭和四〇年五月二六日[1]は、財団法人文化学院が設置する学校はまだ学校法人ではなかったため、直接に教育の用に提供する土地建物であったとしても固定資産税が賦課されることになっていたが、東京都千代田税務事務所長は、当初、非課税取り扱いの通知を行い、途中で誤りに気づいて八年後に遡って五年分の固定資産税を賦課したときに、自己の過去の言動に反する主張をすることにより、その過去の言動を信頼した相手方の利益を害することの許されないことは、それを禁反言の法理と呼ぶか信義誠実の原則と呼ぶかはともかく、本件課税処分はこれらの原則に違反し無効であるとした。

地方自治法と信義誠実の原則

地方自治法二三六条二項

「金銭の給付を目的とする普通地方公共団体の権利の時効による消滅については、法律に特別の定めがある場合を除くほか、時効の援用を要せず、また、その利益を放棄することができないものとする。普通地方公共団体に対する権利で、金銭の給付を目的とするものについても、また同様とする。」

地方公共団体の金銭債権については時効の援用はなく、時効期間経過という客観的事実で時効が完成するという規定であるが、最判平成一九年二月六日は[2]、原子爆弾被爆者に対する援護に関する法律等に基づき健康管理手当の支給認定を受けた被爆者がブラジルへ出国したことに伴いその支給を打ち切られたため、広島県に対して未支給の健康管理手当の支払を求めたときに、法令上の根拠がないにもかかわらず、被爆者が国外に居住地を移した場合に健康管理手当の受給権につき失権の取り扱いとなるものと定めた違法な通達に基づいて広島県が支給を打ち切ったことなどから、広島県が消滅時効を主張して支払義務を免れようとすることは信義誠実の原則に反し許されないとした。

出入国管理と信義誠実の原則

出入国管理及び難民認定法二〇条三項

「前項の申請があつた場合には、法務大臣は、当該外国人が提出した文書により在留資格の変更を適当と認めるに足りる相当の理由があるときに限り、これを許可することができる。ただし、短期滞在の在留資格をもつて在留する者の申請については、やむを得ない特別の事情に基づくものでなければ許可しないものとする。」

在留資格を有する外国人が在留目的を変更して別の在留資格に該当する活動を行おうとする場合には、法務大

1　判例タイムズ一七八号一六九頁。
2　民集六一巻一号一二二頁。

臣に対して在留資格の変更許可申請を行うとする規定であるが、最判平成八年七月二日は[1]、「日本人の配偶者等」の在留資格をもって日本に滞在していた外国人について、法務大臣がその外国人と日本人である配偶者とが長期間にわたり別居していたことなどから、外国人の意に反してその在留資格を「短期滞在」に変更する旨の申請ありとして取り扱い、これを許可する処分を行ったことで、外国人が「日本人の配偶者等」の在留資格による在留期間の更新を申請する機会を失わせておきながら、その後に在留期間の更新を不許可としたときに、信義誠実の原則に従い、短期滞在の在留資格による外国人の在留期間の更新を許可したうえで、外国人に対し「日本人の配偶者等」への在留資格への変更申請をしてその外国人が「日本人の配偶者等」の在留資格に属する活動を引き続き行うのを適当と認めるに足りる相当の理由があるかどうかにつき公権的判断を受ける機会を与えることを要したのであるから、在留期間の更新を不許可とした処分は違法であるとした。

建築基準法と信義誠実の原則

建築基準法四二条二項

「都市計画区域若しくは準都市計画区域の指定若しくは変更または第六十八条の九第一項の規定に基づく条例の制定若しくは改正によりこの章の規定が適用されるに至った際現に建築物が立ち並んでいる幅員四メートル未満の道で、特定行政庁の指定したものは、前項の規定にかかわらず、同項の道路とみなし、その中心線からの水平距離二メートル（同項の規定により指定された区域内においては、三メートル（特定行政庁が周囲の状況により避難及び通行の安全上支障がないと認める場合は、二メートル）。以下この項及び次項において同じ。）の線をその道路の境界線とみなす。（以下省略）」

建築基準法四三条一項

「建築物の敷地は、道路に二メートル以上接しなければならない（以下省略）」

敷地が幅員四メートル以上の道路に二メートル以上接道していないと建物が建てられないという規定であるが、最判平成一八年三月二三日[2]は、建築基準法四二条二項のいわゆるみなし道路であるとして建築確認を得て、また公衆用道路として非課税措置を受けていた建物の所有者が、隣接した土地に引っ越してきた隣人にそのみなし道路の通行を認めず、またタイヤ止めやブロック塀等の工作物を設置して通行を妨害したことから、隣人から通行の自由権に基づく妨害排除請求をされたときに、その道路がみなし道路ではないと否定することは信義誠実の原則に基づき許されないとした。

農地法と信義誠実の原則

農地法五条一項

「農地を農地以外のものにするためまたは採草放牧地を採草放牧地以外のもの（農地を除く。次項及び第四項において同じ。）にするため、これらの土地について第三条第一項本文に掲げる権利を設定し、または移転する場合には、当事者が都道府県知事等の許可を受けなければならない。ただし、次の各号のいずれかに該当する場合は、この限りでない。（以下略）」

農地を宅地等に転用して他人に売るときには都道府県知事の許可を必要とするという規定であるが、最判昭和四六年一一月九日[3]は、宅地転用の目的で農地の売買契約がなされ、県知事の許可を得る前に農地の使用貸借が合

1　判例タイムズ九二〇号一二六頁。
2　判例時報一九三二号八五頁。
3　判例時報六六一号四一頁。

意されて買主が占有管理していたところ、家庭内の財産分けで紛争が生じたことから売主が売買契約は合意解除されたと主張し、ひいては県知事に対する許可申請手続を引延しながら、買主の占有が権原を欠く不法なものとして農地の返還を請求するのは、権利の行使において信義誠実の原則に従ったものとはいえず、認められないとした。

第七節　刑事法における信義誠実の原則

不作為による詐欺罪の成立における信義誠実の原則

刑法二四六条一項

「人を欺いて財物を交付させた者は、十年以下の懲役に処する。」

刑事法においては、どのような行為が犯罪であるか、その犯罪に対してどのような刑が科せられるかが、あらかじめ法律によって定められているという罪刑法定主義が基本原則とされている。これを前提とした場合、期待された行為をしないなどの不作為によって詐欺罪が成立するかどうかが問題となる。この点について、大判大正一三年三月一八日[1]は、現に提供する担保品が前に示した見本と異なっていたのに、提供者がそれを告知せず、相手方もそれが同一のものだと誤信した場合、提供者には信義誠実の原則に従ってそれを告知する義務があったにもかかわらず、それを怠ったので詐欺罪が成立するとした。大判大正一三年一一月二八日[2]も商取引で自己の信用力に影響力を与える事実について、信義誠実の原則を旨とする取引の通念上、何人も相手方に対し真実を告知する義務を負うので、その沈黙は詐欺罪の手段たる欺罔に該当するとした。

さらに大判昭和四年三月七日[3]は、不動産売買において、不動産に抵当権が設定され、その登記があるという事実を知らずに売買代金を交付しようとする買主に対して、売主は信義誠実の原則によりその事実を告知する義務があり、それを怠って買主に抵当権の負担のない不動産であると誤信させて売買代金を交付させた場合には詐欺罪が成立するとした。

誤振込金の払戻請求と信義誠実の原則[4]

誤った振込みがあることを知った銀行口座の持ち主がその預金の払戻しをした場合について、最決平成一五年三月一二日[5]は、自己の預金口座に誤った振り込みがあったことを知った場合にはその旨を銀行に告知すべき信義誠実の原則に基づいた義務があり、その事情を秘して預金の払戻しをすれば詐欺罪が成立するとした。

1　刑集三巻一三〇頁。
2　法律新聞二三八二号一六頁。
3　刑集八巻一〇七頁。
4　拙稿「誤振込と信義誠実の原則」帝塚山法学二四号（二〇一三年）一五四頁以下を参照。
5　刑集五七巻三号三二二頁。

おわりに

日々の研究活動において信義誠実の原則を適用した裁判例を検討するときに、心の中では「この事件において信義誠実の原則の適用はやむを得ない」、「いや信義誠実の原則は伝家の宝刀なので安易に適用すべきではない。他の条文の解釈によって解決できるかどうかを吟味に吟味を重ねて検討すべきだ」、あるいは「裁判所があえて信義誠実の原則を適用すると判断したこと自体が、まさに吟味を重ねた結果なのではないか」といったことを一人で討論してきた。

しかし、ふとそこで考えたのは、信義誠実の原則を適用すべきかどうかの判断基準は時代の価値観によって大きく変わるのではないか、また信義誠実の原則を適用した結果はその時代の一時的な判断基準を反映したものにすぎないのではないか、ということであった。

そこで第一部では、そもそも信義誠実の原則がなぜ必要とされてきたのかを検討してみたところ、法治国家において法律（あるいは契約）の遵守を徹底するためには、同じく法律に規定された信義誠実の原則による修正が必要であったということを確認したのである。また、戦前の全体主義的な価値観や戦後の住宅不足などの事情が信義誠実の原則の適用に影響を与えたものの、債務の僅かな額の不足を理由に権利を主張してはならないだとか、相手方の信頼を裏切らないように矛盾した行為をしない、あるいは信頼関係にある相手方に配慮すべき義務を負う、などの判断基準は普遍的なものとされ、その後の裁判例でも踏襲されていくのである。このことから、信義誠実の原則の内容は、時代ごとの価値観の影響を受けるものの、少なくとも裁判所は一時的な解決方法にとどまらず、普遍性を意識した価値判断を行ってきたということができる。

続いて第二部では、実際に信義誠実の原則が個々の事例においてどのような形で適用されてきたのかを概観した。すると、その適用領域が民法を超えて労働法や消費者法、商法、知的財産法、さらには公法の領域に属する民事訴訟法や行政法、刑法などに広がっていることが明らかになった。とりわけ、信義誠実の原則が適用された事件では、紛争の解決をするために適用の可否を考える法律の条文があるものの、その条文の内容が不明確か、あるいはそこから導かれる結果が妥当でないことから、信義誠実の原則によって関連条文とは異なる形で解決がなされているのである（ここで関連条文の内容を補充したのかあるいは修正したのか、そもそも関連条文がないので法創造をしたのかという点については、論者の視点によって変わるため、あえて追究していない）。

まさに現代では、信義誠実の原則があらゆる法律の条文について但し書きのように存在し、あらゆる法律を支配する大原則となっているのは、まぎれもない事実である。

しかし牧野英一が『民法の基本問題第五編』のはしがきで述べていた、「法律は信義誠実の原則に始まり、信義誠実の原則で終わる」[1]、というスローガンを無批判で受入れるのを避けた方が良いであろう。あくまで信義誠実の原則は法律の条文の但し書きとしての機能を維持すべきであり、我々は信義誠実の原則があれば他の条文はいらないとの極論に至らないように常に監視する必要があるからである。また信義誠実の原則は、潜在的に司法権による立法権の行使を可能としているため、三権分立における権力バランスを維持するためにも、我々は常に信義誠実の原則の動向について注意を払っていかねばならないのである。

最後に、本書では信義誠実の原則を通して見える法律の条文の姿を示したが、これだけでは、とうてい信義誠実の原則の全容を解明することはできなかったかもしれない。しかし、信義誠実の原則に関する書物を残すことで、広大な信義誠実の原則の中身を僅かながらでも捕捉できる素地を作るということに貢献できたのなら、これまで命を削って研究に打ち込んできたことに後悔はない。

1　平田勇人「信義則の民法条文への具体化について」朝日法学論集四〇号（二〇一一年）一一頁。

叢書3、商事法務研究会、1984年)。

穂積重遠「法律と道徳の交渉」丁酉倫理會倫理講演集386輯(1934年)。

牧野英一「刑法における信義誠実の原則」『法学協会50周年記念論文集』(1933年)

牧野英一「具体的妥当性」法学志林42巻10号(1922年)。

牧野英一「信義則の新らしき展開」自治研究15巻1号(1939年)

牧野英一『民法の基本問題第4編—信義則に関する若干の考察—』(有斐閣、1936年)。

村瀬信也「国際紛争における『信義誠実』原則の機能—国際レジームの下における締約国の異議申立手続を中心に—」上智法学論集38巻3号(1995年)。

森永卓郎(監)『明治・大正・昭和・平成　物価の文化史辞典』(展望社、2008年)。

山田恒夫「信義則条項の米独における解釈の異同について」比較法23号(1986年)。

山野目章夫編『新注釈民法(1)総則(1)』(有斐閣、2018年)[吉政知広]。

山本敬三『民法講義I総則(第2版)』(有斐閣、2005年)。

吉田直「商事法における信義誠実義務について」国学院法学24巻4号(1986年)。

吉田光碩「信義則上の義務」判例タイムズ632号(1987年)。

好美清光「信義則の機能について」一橋論叢47巻2号(1962年)。

米倉明『民法講義 総則(1)』(有斐閣、1984年)。

ローゼンベルク著 吉田輝夫訳『ヴァイマル共和国史』(東邦出版社、1972年)。

我妻栄代表編集『旧法令集』(有斐閣、1968年)。

我妻栄『新訂・民法総則』(岩波書店、1965年)。

我妻栄「民法に於ける『信義則』理念の進展」『東京帝国大学学術大観』(1932年)

渡辺博之「信義誠実の構造論的考察(1)—信義則の行為規範的側面の再評価—」民商法雑誌91巻4号(1985年)。

第一回国会参議院司法委員会会議録第18号
高橋貞三「行政法における信義誠実の問題」佐々木博士還暦記念『憲法及行政法の諸問題』（有斐閣、1938年）

田中二郎「シュミット『行政法に於ける信義誠実』」国家学会雑誌50巻4号（1937年）。

谷口知平「権利濫用と信義誠実の原則」法学セミナー1号（1956年）。

辻正美『民法総則』（成文堂、1999年）。

椿寿夫「権利・義務に関する基本原則［1条］」法学教室139号（1992年）。

常盤敏太「信義誠実の原則」東京商科大学研究年報法学研究第1号（1932年）。

富井政章『民法原論第3巻（債権総論上）』（有斐閣、1929年）。

中塩屋九一郎「民法改正に於ける『公共の福祉』の理念と『信義則』との関係に就て」北海道学芸大学紀要第1部4巻1号（1953年）。

野田孝明「信義誠実の原則」綜合法学1巻5号（1958年）。

野津務「『信義誠実の原則』の発展的意義（1）」法学協会雑誌52巻11号、「『信義誠実の原則』の発展的意義（2・完）」法学協会雑誌52巻12号（1934年）。

野津務『保険法に於ける「信義誠実の原則」』（1935年、有斐閣）。

鳩山秀夫『日本債権法総論』（岩波書店、1916年）。

鳩山秀夫『債権法における信義誠実の原則』（有斐閣、1955年）。

林信雄「信義誠実則の学界思潮的反省」法律時報11巻8号（1939年）。

林信雄『同志社紛争史の一齣―いはゆる同志社事件の全貌―』（宮崎書店、1938年）。

林信雄「法律における思想と倫理―信義則論の史的展開―」横浜商科大学紀要1巻（1977年）。

原龍之助「行政法における信義誠実の原則序説」佐々木博士還暦記念『憲法及行政法の諸問題』（有斐閣、1938年）。

平井宜雄「契約法学の再構築（2）―法律家の養成という視角から―」ジュリスト1159号（1999年）。

平田勇人「信義則の民法条文への具体化について」朝日法学論集40号（2011年）

広中俊雄「信義誠実の原則の適用範囲」『続学説展望』別冊ジュリスト4号（1965年）。

広中俊雄『民法網要一巻』（創文社、1989年）。

法務大臣官房司法法制調査部監修『法典調査会 民法議事速記録 3』（日本近代立法資料

岩田新『経済事情の変動と債権の効力：事情変更の抗弁』（同文館、1926年）

内田貴『契約の再生』（弘文堂、1990年）。

内田貴「現代契約法の新たな展開と一般条項（5）」NBL518号（1993年）。

内田貴『民法改正―契約のルールが100年ぶりに変わる』（筑摩書房、2011年）

大塚郷二「現代法と一般的条項」法律時報七巻八号（1935年）。

大村敦志『「民法0・1・2・3条」〈私〉が生きるルール』（みすず書房、2007年）。

奥野健一「債権法に於ける指導原理としての信義誠実の原則」法学志林41巻6号（1939年）。

オッコー・ベーレレンツ／河上正二『歴史の中の民法―ローマ法との対話』（日本評論社、2001年）

小野秀誠「法学上の発見と民法（四）」一橋法学12巻1号（2013年）。

勝本正晃『民法に於ける事情変更の原則』（有斐閣書房、1926年）。

加藤亮太郎『国際取引法と信義則』（信山社、2009年）。

ガルブレイス著　都留重人監訳『マネー その歴史と展開』（ＴＢＳブリタニカ、1980年）。

河上正二『約款規制の法理』（有斐閣、1988年）。

川崎武夫「私法における一般条項と条理」恒藤先生古稀祝賀記念『法解釈の理論』（有斐閣、1960年）。

菅野耕毅『信義則の理論』（信山社、2002年）。

菅野耕毅「信義則理論の現状」森泉章編『現代民法学の基本問題 上』（第一法規出版、1983年）。

倉田卓次「催告書の到達を認めた事例」最高裁判所判例解説民事篇昭和36年度（1962年）

佐藤岩夫「信義則分析の基礎視角」鈴木祿彌先生古稀記念『民事法学の新展開』（有斐閣、1993年）。

佐藤岩夫「法の現実適合性と一般条項―トイプナーのシステム論的アプローチの検討―」法学53巻6号（1990年）。

四宮和夫・能見善久『民法総則（第7版）』（弘文堂、2005年）。

司法省調査部訳編「一般条項への逃避及び独逸大審院と利益法学」司法資料246号（1938年）。

末弘嚴太郎『民法雑記帳（上巻）』（日本評論新社、1953年）。

R. Weber, Einige Gedanken zur Konkretisierung von Generalklauseln durch Fallgruppen, AcP 192 (1992).

Rüthers, Die unbegrenzte Auslegung, 6. Aufl., 2005.

Schneider, Treu und Glauben im Rechte der Schuldverhältnisse des Bürgerlichen Gesetzbuche, 1902.

Schermaier, Bona fides in Roman contract law, in : Good Faith in European Contract Law, 2000.

Schlechtriem, Schuldrecht Allgemeiner Teil, 5. Aufl., 2003.

Stammler, Das Recht der Schuldverhältnisse in seinen allgemeinen Lehren, 1897.

Steinbach, Treu und Glauben im Verkehr, 1900.

Summers, Good Faith in American General Contract Law, in : Behrends, Dießelhorst und Dreier (Hrsg.), Rechtsdogmatik und praktische Vernunft, 1990.

Terré / Simler / Lequette, Droit civil, Les obligations, 8e éd, 2002.

W. Weber, Treu und Glauben (§242 BGB), 1961.

Wieacker, Zur rechtstheoretischen Präzisierung des §242 BGB, 1956.

Whittaker / Zimmermann, Good faith in European contract law: surveying the legal landscape, in : Good Faith in European Contract Law, 2000.

石川真人訳「エールリッヒ『自由な法発見と自由法学』」北大法学論集39巻1号（1988年）154頁。

石坂音四郎『日本民法 第三編債権第2巻』（有斐閣書房、1912年）。

石田喜久夫「石坂音四郎―日本民法学の山脈における最高峯―」法学教室181号（1995年）。

石田文次郎『契約の基礎理論』（有斐閣、1940年）

石田穣「信義誠実の原則が民法で果たす機能について」法学教室2期5号（1974年）。

石田穣「信義誠実の原則と法解釈の方法」『私法学の新たな展開』（有斐閣、1975年）。

井上徹「債権法における法的な平等・衡平・信義誠実則と安全配慮義務論―序説―」亜細亜法学34巻1号（1999年）。

参考文献

Alternativkommentar zum Bürgerlichen Gesetzbuch, Bd. 2, 1980.

Beater, Generalklauseln und Fallgruppen, AcP 194（1994）.

Boissonade, Projet de code civil pour l'Empire du Japon accompagné d'un commentaire, nouvelle éd., t.2 1891.

Cicero, De officiis, 3, 50.

Danz, Die Auslegung der Rechtsgeschäfte, 1897.

Danz, Die Grundsätze von Treu und Glauben und ihre Anwendung auf die Rechtsverhältnisse des Bankverkehrs, 1909.

Ehrlich, Freie Rechtsfindung und freie Rechtswisenschaft, 1903.

Elster, Treu und Glauben, in: Handwörterbuch der Rechtswissenschaft, Hrsg. F. Stier = Somlo und A. Elster, Bd. 6, 1929.

Fenet, Recueil complet des travaux préparatoires du code civil, t. XIII 1827.

Fikentscher, Schuldrecht, 9. Aufl., 1997.

Gorphe, Le principe de la bonne foi, 1928.

Jhering, Geist des römischen Rechts auf den verschiedenen Stufen seiner Entwicklung, Teil 1, 2. Aufl., 1866.

J. Schmidt, Präzisierung des §242 BGB - eine Daueraufgabe?, in : Behrends, Dießelhorst und Dreier（Hrsg.）, Rechtsdogmatik und praktishe Vernunft, 1990.

J. von Staudingers Kommentar zum Bürgerlichen Gesetzbuch mit Einführungsgesetz und Nebengesetzen, 2. Buch, 13. Bearb., 1995［J. Schmidt］.

K. H. Schmitt, Treu und Glauben im Verwaltungsrecht, 1935.

Hamburger, Treu und Glauben im Verkehr, 1930.

Hedemann, Die Flucht in die Generalklauseln, 1933.

Henle, Treu und Glauben im Rechtsverkehr, 1912.

Luig, Treu und Glauben in der Rechtsprechung des Reichsgerichts in den Jahren 1900 bis 1909, in: Festschrift für H. Wiedemann zum 70. Geburstag, 2002

Münchener Kommentar zum Bürgerliches Gesetzbuch, Bd. 2, 5. Aufl. 2007.

外国判例索引

（年代順）

判例索引

（年代順）

著者紹介

松下（旧姓：平井）　慎一（まつした　しんいち）

〈略　　歴〉
1978年　大阪府生まれ
1997年　大阪府立生野高校卒業
2002年　大阪市立大学法学部卒業
現在、帝塚山大学法学部准教授。専門は民法。

〈研究テーマ〉

書道家・東浦幸平 作

〈主著・論文〉
・『ロードマップ民法1総則（第2版）』（共著、一学舎、2019年）
・「信義誠実の原則における信頼保護（1）―ドイツにおける矛盾挙動禁止の原則の検討を中心として―」法学雑誌55巻3・4号（2009年）
・「信義誠実の原則における信頼保護（2）―ドイツにおける矛盾挙動禁止の原則の検討を中心として―」法学雑誌56巻1号（2009年）
・「信義誠実の原則における信頼保護（3・完）―ドイツにおける矛盾挙動禁止の原則の検討を中心として―」法学雑誌56巻2号（2009年）
・「消滅時効完成後の債務の承認と信義誠実の原則―貸金業者と一般消費者との関係を中心に―」帝塚山法学19号（2009年）
・「採用内々定の取消しと信義誠実の原則」帝塚山法学21号（2010年）
・「信義誠実に反し権利濫用に当たる相殺権の行使―名古屋高裁平成17年3月17日判決を素材として―」帝塚山法学23号（212年）
・「無権限弁済受領者による損害の不発生の主張と信義誠実の原則」法律時報84巻5号（2012年）
・「誤振込と信義誠実の原則」帝塚山法学24号（2013年）
・「職務発明の相当対価請求権の時効と信義誠実の原則―2つの裁判例を素材として―」帝塚山法学26号（2014年）
・「物権変動における信義誠実の原則（1）」帝塚山法学27号（2016年）
・「物権変動における信義誠実の原則（2・完）」帝塚山法学28号（2017年）
・「IT契約と信義誠実の原則」帝塚山法学29号（2018年）
・「弁済額のわずかな不足と信義誠実の原則」帝塚山法学31号（2020年）
・「リース契約と信義誠実の原則」帝塚山法学31号（2020年）

信義誠実の原則による法律の支配

2021年4月20日　初版発行

著作者　平井愼一

発行所　丸善プラネット株式会社
〒101-0051　東京都千代田区神田神保町二丁目17番
電話（03）3512-8516
http://planet.maruzen.co.jp/

発売所　丸善出版株式会社
〒101-0051　東京都千代田区神田神保町二丁目17番
電話（03）3512-3256
https://www.maruzen-publishing.co.jp/

印刷・製本　大日本印刷株式会社

ISBN978-4-86345-487-3　C3032